奥克兰的知识地图
加州大学

王子安◎主编

汕头大学出版社

图书在版编目（CIP）数据

奥克兰的知识花园——加州大学 / 王子安主编. --
汕头 ： 汕头大学出版社，2012.4（2024.1重印）
ISBN 978-7-5658-0705-3

Ⅰ．①奥… Ⅱ．①王… Ⅲ．①加州大学－概况 Ⅳ.
①G649.712.8

中国版本图书馆CIP数据核字(2012)第066410号

奥克兰的知识花园——加州大学

主　　编：王子安
责任编辑：胡开祥
责任技编：黄东生
封面设计：君阅天下
出版发行：汕头大学出版社
　　　　　广东省汕头市汕头大学内　　邮编：515063
电　　话：0754-82904613
印　　刷：河北浩润印刷有限公司
开　　本：710mm×1000mm　1/16
印　　张：12
字　　数：80千字
版　　次：2012年4月第1版
印　　次：2024年1月第2次印刷
定　　价：55.00元
ISBN 978-7-5658-0705-3

目　录

历史风采

科技之路

时代天骄

华人风采

目录

历史风采

加州大学的产生

加州大学是加利福尼亚大学的简称，是组成加州公立高等教育体系的三个大学系统之一。另外两个部分分别是加利福尼亚州立大学系统和加州社区大学系统。相对其他两个系统，加州大学更加注重高等研究领域，属性上属研究型大学。加州大学除总校区伯克利外，还有另外9个分校区。

加州大学是美国著名高等学府，要想了解它就得翻开它的历史。

历 史 风 采

加州大学

加州大学的历史可以追溯到1849年时的淘金热，当时的加利福尼亚州宪法起草者是"一群精力旺盛而有远见者，要求议会尽所有能力去提升加州人民的知识、科学、道德及农艺进展"。当时的加州，只有很少人能接受教育，但这群早期的计划者已经梦想着一所"正确地管理及经营，比加州的黄金更有助于下一代繁荣与幸福"的大学。

大约20年后成立了加州大学，该大学是"加州学院"和"农业、矿业暨机械技艺学院"合并的结果。加州学院于1853年成立于奥克兰，由新英格兰的公理教会牧师杜兰所创办。其课程仿效耶鲁大学和哈佛大学，并在主要课程除拉丁文、希腊文、历史、英文、数学及自然史等之外，还增加了现代语课程。为了扩展校舍，校董事会在北面四英里的地方买下了160英亩的土地，并在1866年将其命名为伯克利。

耶鲁大学

当初加州学院成立时，州议会也努力成立了公共教育机构。1866

年，州议会根据联邦"1862 年默里歇土地赠与法案"，成立了"农业、矿业暨机械技艺学院"。该学校教授农业、机械技艺及军火战略，以"提升产业阶级在人生不同专业和追求上的博雅及实用教育"。其中也包括了科学和古典学研究。

因为"加州学院"有土地而无足够经费，"农业、矿业暨机械技艺学院"则有充足的公家经费而无土地，为了双方的共同利益，两校的董事会决定将两校合并，并将两校的课程融合而成为一间"综合大学"。

1868 年 3 月 23 日，州长签署了"组织法"，加州大学就此成立。新大学继续沿用前加州学院的校舍，直到伯克利的北会馆和南会馆完工为止。1873 年 9 月，在招收了 191 名学生之后，学校迁到了伯克利。

加州伯克利分校

历史风采

加州大学的大发展期

惠勒时期

最初，新大学的财务问题非常严重，约翰·惠勒于 1899 年开始担任加州大学校长。20 年后，在惠勒的管理下，财务问题趋于稳定，学校才开始扩建并发展出自己的特色。在这段时期之初，学校最慷慨的赞助人之一赫斯特，推出构想及赞助了一项校园建筑方案的国际竞赛，她要找出"能够配称一所伟大大学的硬件设施"。

惠 勒

这项竞赛由巴黎的柏纳德获胜，不仅让伯克利加大有了一个建筑蓝图，也让她获得了世界性的声誉。伦敦一家报纸写道："这确实是一个大计划，的确荣耀了这个太平洋国家的新公民……"在当时还被财务所困的牛津大学，一位拉丁演说家说："听说加州成立了一所大学，它的资源丰富，让建筑师可以毫无经费限制。它位于山坡高地上，面临着海洋的广阔视野，是科学的摇篮及沉思之所。"

负责柏纳德计划的总建筑师在华德借

着"毫无经费限制"之便，创造了适合加州环境的优雅、尊贵、肃穆的古典风格。有些最典雅庄严的校园建筑是在霍华德时期兴建的，包括赫斯特矿业纪念馆、赫斯特希腊剧院、加利福尼亚馆、道尔图书馆、钟楼、惠勒馆、吉尔曼馆以及希尔加馆。

加州大学伯克利分校区的钟楼

身兼学者及管理者的惠勒校长，为学校争取到了许多图书馆经费、奖学金研究基金、优秀的师资等，学校的学术声望也逐渐成长，特别是在农业人文学及工程学领域。在他任校长初期，成立了许多新科系，而已有的科系也得到了扩大。1899 年开设了暑期班以训练物理及化学学者，不久之后便扩展至其他领域。

随着加州人口的成长，学校也随之成长，以适应渐增的需求。20世纪早期，学校成立了新的商学院，训练与东方贸易的外贸人才，毕业生进入全州的各大工业和企业接受训练。同一时期，由于国务院对驻外使节素质不良的忧虑，也在该校进行了外交训练计划。

历史风采

史普罗时期

自 1930 年起，史普罗担任了 30 年的校长。他优先关切学术上的成就，致力于吸收各领域的优秀师资。他在物理和生物学上的成就最为突出。学校在核子物理、化学和生物学上的研究，萌芽于 20 世纪 30 年代，促成了劳伦斯研发出第一代原子分裂、粒子加速器。其他发现还包括分离出人类小儿麻痹病毒，及发现了许多人造元素等。

加州伯克利分校一景

伯克利加州大学的教授阵容中，许多在物理生化方面的研究获得了诺贝尔奖。此外还有文学奖及经济学奖，使伯克利加大人文学术与自然科学齐头并进。1966 年，伯克利加大被全美教育委员会评鉴为"全国发展最均衡、最出色的大学"。

史风采

校园特色

众多的分校

目前加州大学除总校区伯克利外，还拥有九所分校。旧金山校区于

历 史 风 采

加州伯克利分校一景

1873 年加入加州大学系统，其他分校加入的时间为：洛杉矶分校是

1919 年，河滨分校是 1954 年，圣塔芭芭拉分校是 1958 年，圣地亚哥分校和戴维斯分校是 1959 年，圣他克鲁兹分校和尔湾分校是 1965 年，艾维恩分校是 2004 年开学的。这些分校总共拥有三所法学院、五所医学院，以及建筑、企管、教育、工程及其他许多学院。加州大学还管理 3 个国家实验室。

加州大学十个分校共有 7000 个全职的教授，学生总数为 16 万多。大多数是加州居民，将近四分之一是研究生，并有 160 多个实验室、推广中心及研究室。这些单位在从事教学及研究的同时，也为加州及全美国提供了社会服务。

根据加州州法，加州大学 10 个分校由州政府指定董事会掌管，董事会董事则由州长从各界连选代表人士担任。其中包括教授及学生，校长则由董事会速选并授权管理校务。

董事会包括 7 位成员以及 18 位由州长经咨询委员会建议而指派的成员，任期 12 年。除此之外，董事会会选派一名任期一年的学生董事，该学生在董事会中有完整的投票权和参与权。学术评议

萨瑟塔

会的主席和副主席则代表全体教师出席董事会，有参与所有讨论的权利。州宪法修正案规定："董事应为能够普遍反映本州的经济、文化及社会多样性的有才能之士，包括少数民族及妇女。"

历史风采

　　总校长是十大分校的行政首长，位于奥克兰的校长办公室是大学的行政中心，总校长执行整个大学的行政职务，并支援所有分校的运作。

　　每个分校都有一位校长，作为主要行政主管，另有五位各有专职的副校长。分校校长负责分校的组织及运作，包括校园、学生及对外事务。大学参议会由学校教师及几位行政主管组成，在董事会同意之下，决定入学条件及学位规划；授权及监督课程的规划；并在重要事项如师资核准、晋升及预算等方面，对校方提出建议。学生可以参与各分校和整个大学的政策制定。伯克利分校分为 14 个学院及学校，大部分都还再细分为各学系。学院招收直接从高中毕业的学生或其他学校的转校生，提供大学部的课程以取得学士学位。

　　伯克利加州大学是加州大学总校所在地。他不仅是其他九个分校中校史最长的一个，而且其教学质量、科研成就、师资、硬件设备和学生质量也是 10 个"兄弟"中最好的。可以说，伯克利分校在整个加州大学系统中独占熬头，傲视群雄。

　　伯克利分校占地 1230 多英亩，它从伯克利城区一直延伸到林木覆盖的伯克利山麓。校园内终年绿树成荫，草坪如毯，花开不谢。80 多座巍峨的建筑物散布其间，更显得清幽典雅，让人流连忘返。在校园深处，德维内尔人文大楼后面的广场上耸立着一座高塔，它就是伯克利分校的标志性建筑——萨瑟塔。萨瑟塔是仿照威尼斯圣玛可塔的式样设计的，塔高 307 英尺，塔内有 12 个大铜钟，大小不一，最大的重达 4118磅。萨瑟塔的顶端还建有一个内有 48 个钟铃的报时钟。大钟每天敲响3 次，报时钟 24 小时报时，钟声悠扬，在整个校区久久回荡，别有一番情趣。登上塔楼，纵目远眺，但见旧金山市鳞次栉比的楼群，水天一色的海湾，状如长虹的金门大桥，一切都尽收眼底，使人心旷神怡。

历史风采

校园风景如画

近一个半世纪以来，樱桃溪的橡树林及尤加利树丛从大门口到南会

加州大学伯克利分校风景如画

历
史
风
采

馆围绕着伯克利。虽然校园面积已经扩大了很多，但依然保持着过去田园式的宁静，像是一个都市中的花园绿洲。学生可以俯瞰旧金山湾的新古典建筑、林荫岚郁的山谷及 1232 英亩的原野，还可以在其中读书、工作及从事休闲活动。

学校拥有 3.1 万名学生、优异的师资、将近 300 个学位课程。从这里走出了许多位居全美国及国际领导地位的校友。今日的伯克利加大已是个大而复杂的机构，为学生提供了众多的专业及广阔的个人发展领域。校园被苍翠起伏的丘陵及人口达 10.65 万的伯克利市所环绕。长久以来，伯克利就是美国最有活力、文化最多元的地方。

伯克利加州大学以优异的学术成就驰名国际。其师资包括了 16 位

诺贝尔奖得主、112位国家科学院院士、68位国家工程学院院士，以及比全国其他大学更多的古根汉奖和总统青年学者奖得主。在全国评鉴中，伯克利加州大学的学系都排在全国前五位。

加州伯克利分校一景

以任何标准来看，伯克利加州大学都是全世界的知识领导中心之一，其图书的数量和品质、研究和出版的规模，以及杰出的师资和学生，都是声誉斐然。学士后继续留校完成博士学位的人数，超过全国任何大学。在这样一个优异传统学术环境中，非常有益于学者的培养，中国田长霖就是一个很好的例子。

热忱的教学

伯克利加州大学每年都会颁发杰出教学奖给几位优秀的教授。在

历史风采

13

45 个学系中，多年来总共有超过 170 位教授因教学成果优良而获该项殊荣。

一般而言，各学院都较以研究工作而知名，这表示伯克利加州大学

加州伯克利分校一景

对教学的重视程度。学生可以向世界知名的理论家和研究者学习，而这些人也都是优异的教师。过去的获奖者都指出，他们的研究经常因课堂上的讨论和发言而更加深入，同时，在教学上介绍研究工作中所产生的新观念和新发现，也促使他们成为更好的教师。

一个好老师不仅要在单一领域中传授知识，他们还要向学生澄清该专业与其他领域知识的关系。他们要激起学生的求知欲，并对学生的生命和事业有终生不辍的影响。优秀的教学者不只是那些杰出教学奖得主。每年，各个学系都会选出几名优良教师。在各系、各专业的课堂上，都可以遇到优秀的教师。良好的教学没有单一标准，学生所遇到的

教学风格会随着选修课而有所差异，既有富启发性的演说，也有能让学生理清自己观念的课堂讨论。在教学方法上，正如伯克利加州大学的其他各个层面一样，兼具多样性和挑战性。

加州大学伯克利分校的人文氛围

伯克利加州大学学生的品质与其优异的师资成正比，大多数学生是加州人，但也有来自其他各州和一百多个国家的学生。多样性是学生的最大特色：超过一半的学生是少数族裔，提供多元观点和看法。许多课程，例如非裔美国人、亚裔美国人、墨裔美国人及美洲原住民研究等，都呈现出多样性，也让兴趣不在 100 个主修课程之内的学生，有选择其他课程的机会。

历史风采

15

藏书丰富的图书馆

伯克利加大的图书馆系统是全美国最好的研究收藏之一。图书馆系统包括道尔图书馆、莫菲图书馆、主图书库、班克劳福特图书馆，以及18个特殊学科的分馆。教学图书馆是伯克利加州大学的新图书馆，借由教导学生和教授广泛使用信息，来提高信息的使用效率，并促进学术进展，其他分馆现在也有这种服务。总收藏包括800万本图书、9万种期刊、5万种缩影片、40万种图片、6万种录音带、6000种影片及几十万种政府档案。

伯克利大部分的人文科学及社会科学资料，放在莫菲图书馆和主图书库。莫菲图书馆有16万本藏书、500种期刊，是专为新生和大学部学生所设计的核心和入门图书馆。莫菲图书馆还特别收藏了大学部的上课教材及考试卷，要持卡才能进入图书馆，只限加州大学的教师、学生和职员进入。

莫菲图书馆一楼的媒体资源中心，为学生的研究和课业提供了多样的声音和影像材料。该中心也收藏了录音带、录影带、幻灯片、唱片，以及使用这些资料的设备。莫菲图书馆还有一间莫菲微电脑中心，为伯克利加大的师生和教职员工提供个人电脑及信息服务。

主图书库是连接道尔图书馆和莫菲图书馆的四层楼地下建筑物。主图书库储存过去放在道尔图书馆及政府档案部门的人文科学和社会科学的资料。主图书库可由道尔图书馆或莫菲图书馆进入。道尔图书馆二楼有一个新的政府及社会学资料服务处，取代了政府档案部门。

班克劳福特图书馆是世界知名、主藏美国西部文献的中心，拥有世界最丰富的马克·吐温的文献。东南亚图书馆拥有丰富的古代手稿、卷轴、木刻和雕刻版画、石碑拓本，以及青铜铭文。其他图书馆也有世界上稀有的图书和手稿。

伯克利大学和斯坦福大学之间的图书馆馆际合作计划，提供教授及学生最方便的馆际资料交换服务。两所图书馆总共有1300万册藏书，是世界上最丰富的研究资料收藏之处。

加州大学伯克利分校一景

图书馆系统还有15个附属图书馆，与伯克利的各研究单位、各系所和各分校合作，收藏独特而时常难以归类的专业研究资料。这些图书馆主要是因应教师及研究者的需要，但也为一般学生和民众提供服务。

亚洲学生占外国学生的多数

伯克利加州大学的校友遍布于整个环太平洋地区。中国大陆、香港、日本、韩国、台湾、印尼、泰国和新马，都有伯克利的校友会。学

校赞助了亚洲的许多重大活动，包括每年两次"哈斯商学院论坛"、"亚洲领导者会议"到支持诺贝尔奖得主的研究等。每年都有来自100多个国家的2000多名外国学生在伯克利加州大学就读，约占学生总数的16%，其中又有近60%来自亚洲地区。

在亚洲校友和友人的捐助下，改变了伯克利加州大学。因州政府对加州的高等教育体系减少资助，伯克利加州大学必须转向私人募款，以维持学校的高水准。伯克利加州大学的奖学金、经费和建筑物，都逐渐以这些帮助伯克利维持高等教育水准的亚洲友人为名。

伯克利加州大学不只与私人维持长久的友谊，也与亚洲许多公司和企业保持长久关系。在田长霖任内，也因为他个人的影响力，使伯克利加州大学得到了环太平洋地区超过50个以上企业和基金会的慷慨捐助。

借由太平洋两岸的教学与研究互动，伯克利加州大学与亚洲建立了巩固的关系。伯克利加州大学与12个亚洲国家学校订有交流计划，在任何时候，伯克利加州大学都保持拥有将近700位亚裔访问学者。

除此之外，伯克利加州大学的毕业生在亚洲各地的大学中也有举足轻重的地位，在行政与研究上具有领导地位；而教授们也与在亚洲各地工作的同仁共同研究世界问题的解决之道，例如人口增长、酸雨、贫穷、债务危机、军备竞赛，以及饥荒等问题。

东亚研究全美第一

位处美国西岸，又属亚洲研究的顶尖机构，在美国教育部的评鉴中，伯克利加州大学的东亚研究所在全美排行第一，包括20个不同学系的150种课程，每年都有3000名以上的学生上课，每年也都有超过300名东亚区域研究的学者取得学位。伯克利加州大学是东亚研究领域中拥有最多研究生和培养最多博士的大学。

伯克利加州大学的东亚研究所，有日本、中国和韩国的研究中心，为美国和亚洲国家的知识交流提供了渠道。该研究所赞助研究计划，举办有助于全世界学者间相互了解的集会，并出版详实的研究论文。从19世纪末以来，伯克利加州大学在中国研究上的师资品质，一向名列

普林斯顿大学一景

全美前二三名，现在更在中国史和政治学的课程上领导群伦。1890年设立的东亚语言学系，是全美中国语言学研究的先锋，而在日本企业与科技的课程上，也居于全国领导地位。

建校初年，加州大学拥有的第一份大礼，是1872年设立的东方语言及文学讲座。加州和亚洲的贸易额非常庞大，高水准的亚洲语言和文学课程，对加州来说是非常重要的。近一个半世纪以来，伯克利加州大学在亚洲研究上成就斐然，它的教学和研究对亚洲地区的发展有重大的贡献。

　　1994 年，美国国家研究委员会再度评选伯克利加州大学为全美最优秀的大学。翌年秋天，经权威机构评估，伯克利加州大学的研究所排名世界第一，其博士班的课程再夺全美冠军，36 个博士班课程中有 35 项技压群雄，成绩超过世界著名学府斯坦福、哈佛、普林斯顿等大学。

历
史
风
采

第一位华人校长

田长霖，1935年7月24日出生于湖北汉口一个官宦之家，他是家里的第6个孩子。祖籍前川街桃花村田家大湾。在田长霖两岁多的时候，由于日本侵略中国，田长霖一家东奔西跑，直到1947年，田长霖的父亲田永谦出任上海财政局局长，并兼任总管上海财经的上海市银行董事长后，田家才又重新过上了宽裕的生活。

田长霖

1948年，田长霖一家迁居台湾台北。田长霖就读于台北建国中学，并于1959年从台北建国中学毕业。不久，他的父亲因病去世，

台湾大学

当时田长霖才17岁。由于难以维持生计，家中3个男孩子在工作、学习之余，都须兼做家教贴补家用。1952到1955年，田长霖就读于台湾大学工学院。当

田长霖的三哥决定留学美国之后，让田长霖接替他的家教工作。田长霖接替三哥教的这个漂亮的女孩子叫刘棣华，1936 年在北京出生，在家排行老三。两人日久生情，到 1956 年田长霖决定到美国念书时，他与刘棣华已情深难舍。22 岁时，田长霖取得路易斯维尔大学硕士学位，并接着到普林斯顿大学攻读博士学位，他仅用了 20 个月又拿到博士学位。1958 年 7 月 25 日，田长霖在普林斯顿拿到博士学位的当年，与刘棣华在著名的纽约河滨教堂举行了婚礼。

历史风采

路易斯维尔大学

随后，25 岁的田长霖担任加州大学伯克利分校助理教授，1961 年，田长霖获得美国伯克利加州大学最佳教授奖。田长霖得奖时不到 27 岁，至今仍是该奖项最年轻的得主。

田长霖 33 岁任伯克利大学机械工程系教授至今，34 岁任系主任，41 岁当选美国工程科学院院士，48 岁任伯克利加州大学研究副校长，

53 岁任尔湾加州大学执行副校长，55 岁到 62 岁任伯克利加州大学校长，58 岁当选中国科学院院士。他还曾当过伯克利足球队拉拉队长、乐团指挥、铜管乐队"终身成员"。1997 年辞去校长职务以后，他开始担任伯克利加州大学 NEC 荣誉讲座教授，在全美各知名大学巡回演讲；1998 年，他担任中国香港特区政府创新科技委员会主席，经克林顿提名任美国国家科学委员会委员，1999 年担任美国亚洲基金会主席。

田长霖有世界"科坛泰斗"、"工程巨匠"、"高校领袖"等桂冠，人称"三栖明星"。

1990 年，美国加州大学系统校董会要在 258 位校长候选人中，挑选一位最合适的人做伯克利加州大学的校长。经过严格的考核和面试，最终选中了田长霖。1990 年 7 月 1 日，田长霖在白人惊叹的眼光中，接任美国伯克利加州大学第七任校长，成为建校 122 年来首位亚裔校长，

克林顿

成为美国历史上第一位任名牌大学校长的华人和亚裔人士。

田长霖在任校长期间，经历了许多次惊险，其中最危险的一次，是 1992 年 8 月 25 日。这是学校开学第一天，凌晨 5 时许，一名穿深色衣服的女子鬼鬼祟祟地出现在田长霖校长寓所周围，她用电焊枪把地下室厨房的玻璃烧了一个圆洞，然后手持长刀与弯形镰刀爬入田长霖的宅邸。那女子蹑手蹑脚地自一楼走向二楼，找寻主卧室的位置，她要将

"人民公敌"田长霖干掉。万幸的是，田长霖夫妇当时并没有睡在主卧室，而是睡在另一个小房间里。在女刺客被击毙之前。她一直没能发现田长霖。

经警方调查，刺客是一名叫艾比葛的 20 岁白人女子，她是无家可归者中的政治活跃分子。艾比葛从小就有强烈的反抗性，在高中时就曾暗杀过校长。她离家后，于 1991 年到伯克利，成为嬉皮士、激进分子和流浪汉聚集的"人民公园"的积极分子，他们生存的目的仿佛是为了向社会常规唱反调。田长霖曾向当局要求扫荡该地区，这触怒了"人民公园"的拥护者，他们视田长霖为"人民公敌"，所以欲置之于死地。

田长霖在校长任职期间，不负众望，成绩斐然，促成伯克利加州大学各个方面的进步，吸引了全国最有才华也最多样的学生；在激烈竞争中延聘了一群学术界明星；自校外争取的研究经费上升到 35%，达到 3.18 亿美元；打破私人捐助公立大学的所有纪录，6 年中伯克利加州大学共募到 7.8 亿美元；完成了 50 年以来最具野心与前瞻性的校园建设计划；足球队赢得了 3 次奖杯，男篮队两次进入前 16 强，女子球队也赢得过全国亚军；改善了社区与学校的关系等等。

田长霖在校长任期的 7 年内，面对种族歧视、火灾、足球风波、暗杀事件等各种危机，他临危不惧，化险为夷，成为伯克利最有能力的募款专家，学生心目中最亲近的校长，被媒体誉为"现代大学史上学术领导的典范"。

田长霖是一位全方位的校长，接任时定下的许多目标，任期内都一一兑现，他打算在高点中交棒，灿烂中画下一个句号。1996 年 7 月 8 日，田长霖向加州大学总校长艾金逊正式提出，将于 1997 年 6 月 30 日前辞去校长职务，届时他的任期已满 7 年。艾金逊立即发了一封信，针对田长霖的辞职函予以回应，他说：田长霖离开伯克利加州大学校长职位，是加州大学的一大损失。田长霖辞职的消息公布后，各界人士纷纷

历史风采

表示震惊和惋惜。

　　1997 年 7 月 1 日，田长霖在率伯克莱加州大学走上巅峰的时刻激流勇退，辞去校长职务。当时美国总统克林顿致电慰问："……您应该对自己如此成功地扮演的角色，感到无比的骄傲与欣慰。我谨代表这群因您的远见卓识与杰出贡献而受惠的人，感谢您在提升教育品质上的创举与无私奉献。您的成就是美国的珍贵资源，您的壮举将永远载入史册，您的名声将流芳百世。希拉里和我对您及您的夫人奉上最诚挚的祝福，预祝您未来百尺竿头，更进一步。"

希拉里

　　田长霖辞职的消息见诸报章头版，仅仅两周时间，他就收到各界人士、同事、朋友、学生、学生家长等几百封慰问信与道谢函。他们除对田长霖辞职一事表示震惊外，也充分流露出对他的尊敬与感激之情。各方面团体纷纷为他筹办惜别宴会。在加州大学教授评议委员会举办的一场隆重的致敬晚会中，教授们将几封珍贵的函件装订成册，安排在晚会当天给田长霖一份惊喜。田长霖在伯克利加州大学能得到如此爱戴，在校史上绝无仅有。

　　1998 年 9 月 24 日和 1999 年 5 月，美国总统克林顿两次提名田长霖出任美国科学技术委员会委员，

周恩来

但受到美国国会阻梗，直至 1999 年 7 月 26 日才获参议院通过，并正式就职。克林顿就此发表声明："田教授身为世界级的工程师，对科学与科技、教育与社会之间的重要联系具有独特的见解，对我国作出了无与伦比的贡献。那些对亚裔科学家的爱国心遭到质疑一事是令人无法容忍的。"

田长霖不仅是科研、教育的一代巨擘，而且是一位架设中美两国科技交流和科工之间桥梁的热心人，他十分关心祖国的科学技术、教育与经济建设。曾多次回祖国大陆访问，并受到历届中央领导人周恩来、江泽民、李瑞环、胡锦涛等人的接见。1994 年 6 月，当选为中科院首批外籍院士。2000 年 4 月 7 日，经国际小行星命名委员会批准，中国科学院将国际编号为 3643 号小行星命名为"田长霖"星。2002 年，他与其兄弟共同捐赠 5 万美元在家乡兴建一所桃花小学。

2002 年 10 月 30 日，田长霖先生因中风并发症在旧金山凯瑟医院病逝。布什总统托人捎话向田长霖夫人致哀，布什说，田长霖是杰出的教育家，是世界知名的科学家，对国家、民族、教育及科技都有很大的贡献。田长霖的逝世，对华人、对美国都是损失。武汉市和黄陂区人民政府及有关部门立即给田长霖夫人发去唁电致哀。11 月 5 日，田长霖被安葬于美国加州圣马刁百龄园。

布　什

历史风采

科技之路

开辟了可能性的世界

李远哲，1936 年 11 月 29 日出生于中国台湾省新竹县，兴趣广泛，体育、音乐样样都行。小学五年级时，当选为少年棒球选手。他是一个出色的二垒手，曾代表学校参加棒球赛。只要他一出场，小朋友们就欢呼雀跃地鼓掌："李远哲来了，李远哲来了！"他不但棒球打得好，乒乓球也极为出色。六年级曾代表新竹市参加台湾省第一届全省小学乒乓球大赛，并夺得团体赛第一的好成绩。

他音乐天赋很好，在中学时是管弦乐队成员，擅长伸缩喇叭，也是吹长笛的好手。对中国画也特别爱好，早年还喜欢动笔墨画上几笔。但他最偏爱的还是文学。

高中时代，李远哲非常喜欢俄

屠格涅夫

国屠格涅夫的作品，欣赏屠格涅夫的虚无主义思想。对他影响较大的两本书是法国著名作家罗曼·罗兰所著的《约翰·克利斯多夫》和法国的艾芙·居里著的《居里夫人传》。

在广泛阅读中，对于他科学生涯影响最远的、促使他献身于科学事

科技之路

29

业的是《居里夫人传》。这本书使他了解到一个科学家的生活并非如一般人想象的冷酷、古怪，而是充满了美好与希望的；也使他学到了做人应该具有坚强的意志与不屈不挠的精神。居里夫人在第一次世界大战中勇敢地投身于前线从事 X 射线的工作，使李远哲看到了伟大科学家对人类生命的热爱。

李远哲

少年时代的李远哲就已经初步展示了他的性格：不轻信、不盲从。

小学考初中时，李远哲父母一定要带他去城隍庙拜拜神，以保佑能够顺利考上初中。李远哲那时不过只有 13 岁，却认为这类事情是无聊的，他跟他母亲说："好好用功的话，我一定能考上，到城隍庙去拜神是没有任何意义的！"李远哲的母亲常为自己的儿子反对这类事情而头痛。

从这些举动我们可以看出李远哲早期求是精神的萌芽，不因为传统是那样的，父母是那样说的，校长是那样说的，就相信世间有什么鬼神。他认为真正的佛脚是好好读书和苦练技术，而不是菩萨。这也是他科学精神的开始，此后他的这种科学精神的萌芽在他的求学生涯

居里夫人

中长成的参天大树。

在中学时期，比他大5岁的长兄李远川是学生自治会的会长，自发地组织了一些课外活动，如球赛、文艺、话剧等。李远哲也参与了其中的许多活动。大陆解放时，台湾当局为了防止学生闹学潮，对他们采取了严格控制措施，规定了周六下午要上课。这无疑妨碍了学生们的自由活动，李远哲对此深恶痛绝。他担任班长，便利用职权无视学校规定，常常趁周六下午最后一堂美术课带领同学们去爬山，往往到了降旗典礼开始还不归来。训导长见不到整班的学生，也弄不清楚是还没下课呢还是另有原因。总之，李远哲很顽皮，并不是个守纪律的好学生，老师教导的话，他也时常转动着他那天生就具有怀疑精神的大脑认真思索一番。然后才决定是否接受。师长不对的地方，他敢于提出质疑，甚至与师长急辩不休。在训导主任眼里，他的操行评语充其量是个丙等。倒是他的班导师彭商育先生对他颇为赏识，期末操行评定时，班导师与训导主任据理力争，才给了他甲等。

李远哲富有自己的个性，也富有正义感，对周围不健康的风气持鲜明的批判态度。他在台湾大学上学时，是学生自办伙食。他看到在同学中有些不良的习气，如办伙食的学生自己不交伙食费等。他表示出自己鲜明的看法：大学生这样子不应该，为什么这么不老实，也不努力呢？伙食不好好办，大家也都吃不好！他倡议在自己的房间办起了伙食，并带动了其他同学也认真地办起了伙食。

1959年，李远哲毕业于台湾大学；1961年，获台湾清华大学硕士学位；1962年，就读于加州大学伯克利分校；1965年，获加州大学化学博士学位；1965—1968年，在哈佛大学做博士后工作；1968—1972年，任芝加哥大学化学系教授，并任劳伦斯伯克利实验室高级研究员；1974年起任加州大学伯克利分校化学系教授。

1986年，对于李远哲教授来说是四喜临门：

科技之路

科技之路

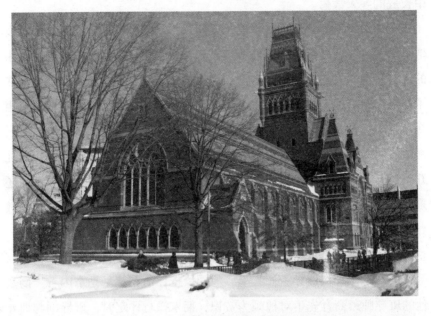

哈佛大学一景

3月22日，他与杨振宁教授一起获得美国国家科学奖章。这是美国最高的科学荣誉，由美国总统亲自颁赠奖章。当时的总统里根称赞李远哲教授"开辟了可能性的世界"。

4月间，美国化学会向李远哲教授颁赠了拜德物理化学奖，以奖励他在气态化学动力学上所获的光辉成就。这是美国化学会代表着最高

里根

学术成就奖。

　　同样也是在这一年，李远哲教授还获得了加州华人科工协会颁赠的最高成就奖。

　　1986 年 10 月 15 日，合众国际社从斯德哥尔摩传出了喜讯：这一年的诺贝尔化学奖授给美国哈佛大学的赫希巴赫教授、伯克利加州大学的李远哲教授和加拿大多伦多大学的波拉尼教授。瑞典皇家科学院说：赫希巴赫研究出了一种交叉的分子线束方法，由于采用了这一方法，就有了详细研究化学反应的可能。李远哲进一步发展了这一方法，把它应用于研究一般反应，特别是研究大分子的反应。波拉尼研究出了红外线化

多伦多大学

学发光方法，可测定和分析从一个新形成的分子发生的极弱红外光。他们的研究对化学的一个新研究领域——反应动力学——的发展具有非常重要意义，使人们得以详细地了解化学反应是怎样发生的。

　　当李远哲教授获奖的消息传到美国时，他正在新墨西哥州出席一个

科 技 之 路

33

学术会议。在电梯内有人向他握手道贺，他还以为对方是庆贺他昨晚的讲演。走出电梯，又有人向他贺喜，他问："喜从何来？"才得知自己获得了诺贝尔奖。听到这一喜讯，李远哲没有一丝惊奇，还是像平时一样，保持平静，照常参加会议。

会后，他由新墨西哥州乘飞机返回旧金山，长了"千里眼"、"顺风耳"的记者们，等他一下飞机，就蜂拥而上把他围住。当时他说："今早在研讨会碰到一些朋友向我祝贺，我自己还以为他们对我的发言

旧金山一景

表示赞赏。后来在追问之下，才知道是得了诺贝尔奖。"他还说："我从来没有梦想过自己会拿诺贝尔奖，因为多年来有不少其他学者都是搞类似的研究题目，而且都很有贡献，因此，我感到非常惊奇、兴奋。"当记者问他："得到诺贝尔奖后，你今后的生活会不会有任何改变呢？"他说："我相信不会有太大变化，因为我仍会和往常一样，继续完成自己的研究工作。"他还半开玩笑地说："我现在关心的，就是实验室最近漏水，应该尽快修理，否则会影响学生的研究工作。"并说，他今晚

还要去研究室工作。那天晚上，他的确又去了实验室，而且还一直工作到深夜才回家。第二天上午，他与平时一样，照常出现在实验室，11时，还把上《化学动力学》课的整班学生带到物理科学演讲厅，然后，他就像其他百余名学生一样坐在台下，兴趣盎然地观看一名英国教授所作的各项有关爆炸的化学实验，并专心聆听实验讲解达一个半小时之久。

由于李远哲教授平时十分谦逊，是一位默默的耕耘者，当时在台湾的知名度并不甚高，所以台湾一般人觉得李远哲得奖，仿佛是一夜成名，"得来全不费工夫"，如同突然中了爱国奖券或大家乐似的，其实他们根本不知道，李远哲教授之所以获奖是他默默地奋斗了漫长的30多个春秋的结果。

李远哲十分富有独立思考、争强好胜的心理，不服输，不想输，按照自己的目标，一心一意地努力，踏踏实实地进取，遇到困难不妥协、不屈服，在科学研究中坚持不懈，对任何问题一究到底。

李远哲还是一个有着坚强毅力的人。三十年如一日，研究分子束问题，其持之以恒的毅力是超凡的。正是因为他有着许多的优点，所以才"创造了可能性的世界"。李远哲认为：

（1）科学家获奖并不是重要的事，但一个社会标榜科学家却是很重要的，原因是科学的研究是个很大的社会活动，个别的科学家已不像以前那么重要，但科学的活动在一个社会是非常重要的。

（2）目的不是在标榜个人之功，而是要使整个社会知道，科学家到底在做什么？做到什么程度？它是一种社会教育，而不是锦上添花的个人标榜。

（3）科学成就绝非一人之功，而是集多数的智慧、精力，在一贯的理想和团结精神合作下累积出来的。

李远哲的主要著作有：《用电子轰击探测器的分子束反冲散射仪器》、《用分子束方法对 SF_6 作多光子离解》、《分子束研究 $F+H_2$ 反应》、《基本化学过程的分子束研究》等。

科
技
之
路

第七代大学教授

玛利亚·戈佩特·梅耶（Maria Goeppert Mayer, 1906. 6. 28—1972. 2. 20），美国著名女物理学家，1963 年的诺贝尔物理学奖获得者。1906 年 6 月 28 日生于波兰的卡托维茨，1972 年 2 月 20 日死于美国加州的圣地亚哥，享年 66 岁。

玛利亚是弗雷德里克·戈佩特和玛利亚·活尔芙的独生女儿。父母对他们这唯一的孩子真是宠爱有加，但他们却从没娇惯过她。尤其是父亲。父亲是戈佩特家族中的第六代教授，他很以此为荣，因此他非常希望家族的荣誉能后继有人。女儿出生以后，他从来就不掩饰自己对她的期望。为了培养女儿的科学兴趣，他经常带着女儿出去进行"科学散步"。在父亲的影响下，玛利亚几乎还没知事的时候就对科学有一定的了解，并产生了兴

玛利亚

趣，几乎刚懂事就明白了自己要成为戈佩特家族中的第七代教授。

在玛利亚 3 岁的时候，戈佩特携夫人、孩子从上西里西亚地区搬到了哥丁根，玛利亚在那儿差不多度过了整个青少年时代。哥丁根对玛利

亚的一生起了决定性的作用。

　　玛丽亚·戈佩特于1921年念完了初中。那时，在哥丁根，只有一所由提倡妇女参政的人们举办的私立学校，那是为有志于上大学的女性提供准备入学考试的学习机会。17岁的玛利亚在这两年里不仅学到了很多知识，而且还树立了强烈的自信心。尽管离毕业还差一年，但她相信自己能通过大学考试。这可把她的老师吓了一大跳，他们肯定地告诉她："你做不到的。"但玛利亚同样肯定地告诉她的老师："我做得到！"此时，她想到的是父亲对她的期望，如果不上大学的话，她怎么去实现当戈佩特家族第七代教授的理想呢？而父亲从小教导她的要勇敢和自信的精神也在激励着她，"必须成功！"她暗暗对自己说。于是，她到邻近的汉诺威市，作为一所男子中学的"外校考生"参加了笔试和口试。和她一起参加考试的一共有30个男生和另外4个姑娘。结果，姑娘们全都通过了考试，而30个男生中却只有一个合格。

哥丁根大学

在玛利亚进入哥丁根大学时，哥丁根大学正处于数学和物理学的鼎盛时期，学校拥有一批世界级的数学家和物理学家。有被认为继高斯之后最伟大的数学家希尔伯特，有先后获诺贝尔物理学奖的玻恩和弗兰克等。希尔伯特就住在玛利亚家的对面。这位数学界的权威人物经常在自己家的花园中举行户外研讨会，参加研讨会的不一定是数学家，一些物理学家和化学家也会出现在这个一流数学家举办的研讨会上，以开阔自己的眼界。每回研讨会，希尔伯特都会邀请一个新的女性朋友参加。有一次，他没有新的女朋友可邀，就邀请玛利亚替代。这使玛利亚首次窥见原子物理学的零星碎光，仅这一点点的碎光就已经使玛利亚目眩神迷，不过这时却还未压过对数学的兴趣。

但随后与物理学家玻恩的接触却使她对数学的感情开始有所改变了。那时，玻恩和弗兰克经常举办联合研讨会，这项研讨会吸引了无数顶尖的年轻天才，如海森堡、狄拉克、奥本海默、费米、威格纳、纽曼等。在这种研讨会上，参加者可以打断主讲者的话并加以毫不留情的批

费 米

海森堡

狄拉克　　　　　　　　　　　奥本海默

评。这样的研讨会对玛利亚的影响是无比巨大的，她因此有机会领略众多伟大的物理学家的风采，而与这些物理学家的接触使玛利亚陷入物理学的美妙旋涡不能自拔，她终于被物理学给彻底征服了。1927年，在玻恩的建议之下，玛利亚放弃了数学专业，转而攻读理论物理。但就在这一年，她的生活中发生了另外一桩重大事件：弗里德里希·戈佩特，她深深热爱的父亲突然去世。这是她和母亲谁也没有料到的事情。在为父亲的去世深感悲痛的同时，她更加感到自己有责任迅速而圆满地完成自己的学业。

同时，玛利亚集知识和美貌于一体的高贵气质也很快征服了哥丁根的男人们，在那个向来以男性为主体的科学界，人们第一次发现身边多了一道亮丽的风景。她成了哥丁根的宠儿，许多男生都拜倒在她的石榴裙下。但玛利亚对自己的魅力却熟视无睹，依然沉醉于学习。1927年一位自称约瑟夫·梅耶的年轻人出现在她的面前，情况才发生了改变。

这个让她倾倒、让她把一切警告都当成耳旁风的男人乃是一位自然科学家，也是她的一个同学。约瑟夫·梅耶，大家都叫他乔，是一个美国人。他是一个奥地利工程师的儿子，在阳光灿烂的加利福尼亚长大，

加利福尼亚一景

大学里学的是化学。古老的大学城的声望以及对物理化学的兴趣将他吸引到了哥丁根，但促使他踏进戈佩特家门的却是这家的女儿、"哥丁根最漂亮的姑娘"的鼎鼎大名。对这位姑娘的赞誉，通过以前在这里学习的美国留学生之口，早已传到了遥远的加利福尼亚。一个朋友告诉他，戈佩特的遗孀向大学生出租房屋。于是，24 岁的乔·梅耶在他到达德国的第一天便按响了戈佩特家的门铃，开门的是玛利亚。乔·梅耶看呆了，同学们说的一点儿不错，确实是名不虚传！这个因为有辆汽车而受到很多人羡慕的美国小伙子过了一段时间之后才引起了玛利亚的注意。那是在市游泳馆里，他的泳姿让他大出风头。从那以后，她便经常和他一道游泳，一起散步，一起去跳舞。乔很快就发现，她不仅比其他任何

一个姑娘都"漂亮",而且比任何一个姑娘都"更加聪明"。

两年之后,也就是1930年1月,玛利亚·戈佩特和约瑟夫·梅耶在哥丁根的市政厅里举行了婚礼。他们仅仅花8天时间到柏林旅游了一趟就算度完了"蜜月"。2月份,24岁的玛丽亚递交了她的博士论文并顺利地通过了考试。同年3月,年轻的戈佩特·梅耶夫妇便从法国的瑟

瑟 堡

堡登上了开往美国纽约的"欧罗巴"号远洋邮轮。他们从纽约到了离马里兰州不远的巴尔的摩。在那里,乔·梅耶进了约翰·霍普金斯大学,作为化学副教授,获得了他的第一个大学职位。在美国大多数大学都有所谓的"裙带关系规定",禁止同时聘用夫妇两人。不言而喻,在这种情况下,作出退让的必然是女方。玛利亚·戈佩特·梅耶属于那种勇敢的妇女。她想方设法在霍普金斯大学弄到了一份充当一个物理学教授德国通讯员的工作。

不过，对于玛利亚来说，比金钱和解脱家务负担更为重要的，是她获得了利用物理系大楼顶层的一个小房间做研究的权利。在这间斗室之中她整整工作了 9 年，深入研究了物理和化学的许多领域，发表了一系列论文，培养了大批学生，但收入和职位却没有任何改变。她对此虽然很不满意，但却不会为她的权利去斗争。"我不想为这些事生气"——这就是她的信条。

在霍普金斯大学的这些年里她学到了很多东西。像已经习惯的那样，她总是向男人们学习。德籍物理化学家卡尔·赫尔茨弗尔德是她的老师之一；她的另一位老师是化学家 R. W. 伍德，"像希尔析特是哥丁根的国王一样，他是巴尔的摩的国王"。她和他们一起研究了各种各样的课题——从能量在固体中的传输到色素的物理理论，可说是应有尽有。

约翰·霍普金斯大学

1933 年，玛利亚利用女儿玛丽安娜出生的机会正式加入了美国籍。

从 1935 年起，有越来越多的老朋友从德国来到了巴尔的摩。随着许多旧日师友的到来，在玛利亚周围终于有了一批对量子物理学感兴趣的人。但是，玛利亚本人却反而对此不再那么热衷。尽管她信守父亲的教诲始终在逃避一个家庭妇女的角色，但却越来越想当一个尽心尽职的母亲，并因此而渐渐冷落了科学。特别是到了 1938 年，当她的第二孩子彼得出生以后，这种倾向更加明显。在大学，她在这个男人们的领地中得不到足够的承认，很可能是她态度转变的一个原因。玛利亚自己也许没有意识到，她是那么喜欢孩子，简直如醉如痴。她满怀欣喜地说："生养孩子真是一种奇妙无比的体验。"

然而，她的丈夫乔·梅耶却持另外一种看法。他认为唯一"奇妙无比"的事情只能是科学。当他从学校回到家里的时候，他想谈的是科学

哥伦比亚大学

而不是关于孩子之类的鸡毛蒜皮。要不然为什么要娶一个物理学家做妻子？在那几年里，当玛利亚·戈佩特·梅耶严重陷入"变成一个女人"的危险的境地，她的丈夫乔起到了弗里德里希·戈佩特的作用，把她拖出了这一险境。他们开始一起写一本教科书《统计力学》，该书后来成了一部经典著作。

1939 年初，乔·梅耶失掉了在巴尔的摩的职位，应聘去了纽约州的哥伦比亚大学，并且把家搬到了曼哈顿效外的利昂尼业。

1941 年 12 月 8 日，即日本偷袭珍珠港的第二天，美国对日宣战。像在任何一场战争中一样，男人们空出来的岗位要由女人们填补。起初，玛利亚顶替了半个位置——作为自然科学教师在纽约州布朗克斯维尔的莎拉·劳伦斯学院教课。但是很快，像她的丈夫一样，她也直接卷入到战时工作中去了。乔每周有 6 天在马里兰州的一个实验室中试验步枪的发射药，而玛利亚则被哥伦比亚大学的化学家招聘去参加一个代号为 SAM 的机密项目。

包括玛利亚在内的 SAM 项目的研究人员承担着这项计划的一个重要部分：寻找原子弹的"炸药"。他们试图将可以高速裂变的铀－235 与比较稳定的铀－238 分开。但是通过化学途径行不通，因为这两种铀同位素只是原子量有差别，在化学上它们的反应完全相同。SAM 项目的研究人员打算借助于光的作用实现这一点，而这正是玛利亚从做博士论文起就开始研究的专业。于是，他们利用所谓的"气体扩散"终于取得成功。

玛利亚耶很清楚，他们是在制造一种极其可怕的武器，这使她的心情很沉重。对于正在进行的研究，乔只知道一个大概。他开玩笑说："我在为这一次战争工作，而你在为下一次战争做准备。"

1945 年 8 月，当听到广岛和长崎遭到毁灭的消息时她并没有感到特别震惊。还在 7 月的时候，亦即在新墨西哥州的沙漠里成功地进行第

一次核试验之前不久，玛利亚终于来到了洛斯阿拉莫斯实验室。在那里她和爱德华·特勒一起工作，并且同样受到了同事们那种激动不安情绪的感染：难道真的成功了？

第二次世界大战之后，芝加哥成了美国的原子研究中心。人们把它称做第二个哥丁根。战争期间，意大利人恩里克·费米在极端保密的情

广岛爆炸

科 技 之 路

今日长崎一景

况下在那里建成了第一座核反应堆。一个大型的粒子加速器正在建设之中。雅姆斯·弗兰克在芝加哥，爱德华·特勒也想来，洛斯阿拉莫斯实验室的一半已经准备迁到密歇根湖畔的一个城市里。这里当然也不能缺了玛丽亚——她从前的老师和同事们作出的决定。但怎样才能把她弄到芝加哥来呢？最好的办法就是给她的丈夫乔提供一个教授的职位。毕竟，他在夫人的影响之下，差不多也变成了一个原子科学家。

就这样，梅耶夫妇于1946年又按着老一套模式开始了他们的工作：丈夫有一个固定的职位，收入不菲，而妻子，则作为一个不领薪水的研究人员。只不过，这一次她毕竟拥有了教授头衔，而且有权占用一间"漂亮的办公室"。后来她说："芝加哥是第一个没有把我当成累赘的地方。"

但玛利亚仍然没有学会为维护自己的权利而斗争。最后，还是玛利

亚以前的一个学生、来自纽约的罗伯特·萨克斯对他老师这种忍气吞声的窘况实在看不下去，才在芝加哥郊外的加速器所在地给她提供了半个支付薪水的位置。

最开始，她的研究侧重在化学物理学方面，1946 年以后，她把研究重点转向核物理学。也就是说，玛利亚获诺贝尔奖的研究是她在 40 岁以后才开始的。她从研究幻数入手，提出了一种假设：认为核子本身的自旋运动与它们在原子核中的轨道运动之间存在某种耦合作用。1950 年 4 月，她那篇极其重要的论文终于在专业刊物《物理学评论》上发表了。这是一篇论述极为详尽的文章，分为两个部分，题为《自旋——轨道耦合模型中核的位形：Ⅰ、经验说明，Ⅱ、理论上的思考》。

之后，她与德国物理学家汉斯·詹森合作，共同发表《核壳层结构基本理论》一书。在书中，玛利亚用文学性的语言对原子核的内部机制形象地作了描述："像洋葱那样一层层构筑起来，质子和中子彼此按一定的轨道环绕旋转，就像在舞厅里跳华尔兹的一对对舞伴。"为此，人们风趣地把她的核壳层理论称为"洋葱理论"，把玛利亚称为"洋葱夫人"。

1959 年，她的核壳层理论引起了巨大反响，芝加哥大学和加利福尼亚大学差不多同时决定授予玛利亚正式的物理学教授职位，并且说如果她赴任的话将给予全职薪水。最后，玛利亚接受了加利福尼亚大学的职务。至此，奋斗了 23 年已经 53 岁的玛利亚终于拿到了全职且有薪水的工作。4 年后，她在为诺贝尔档案馆写的自传里骄傲地宣称："从我父亲这方面看，我是第七代大学教授。"

1963 年，玛利亚与汉斯·詹森一起分享了诺贝尔物理学奖的一半，另一半颁发给了欧根·维格纳。

玛利亚还亲历了这一序列向第八代的延续：她的儿子彼得于 20 世纪 60 年代末当上了经济学教授。

1960 年初，在他们搬到加利福尼亚几个星期之后，她突然中风，

并从此留下了左臂轻微麻痹的后遗症。在她生命的最后几年，心脏膜病

芝加哥大学一景

给她造成了极大的痛苦，所以只好戴上心脏起搏器。

1971年12月，一次心脏病突然发作之后她再也未能恢复过来。经过两个月的数度昏迷之后，玛利亚·戈佩特·梅耶于1972年2月20日与世长辞。她的丈夫和孩子、她的朋友、她的学生和同事一起把她安葬在了圣迭戈的艾尔·卡米诺陵园里。

玛利亚的主要著作有：《统计力学》、《自旋—轨道耦合模型中核的位形》、《核的构造》、《自旋—轨道耦合引起的电磁效应》、《原子核壳层结构的基本理论》等。

爱开玩笑的科学家

理查德·费因曼 Feynman Richard Philips，（1918—1988），20 世纪诞生于美国的最伟大的物理学家，一个独辟蹊径的思考者，超乎寻常的教师，尽善尽美的演员，一个热爱生活和自然的人，是 1965 年诺贝尔物理学奖获得者。因为他精于幽默，才识过人，风流倜傥，所以自命为"爱开玩笑的科学家"。

费因曼

1918 年 5 月 11 日，费因曼生于美国纽约市。在他小的时候，父亲经常带他到山林中去游玩，并给他讲许多有关动植物的新鲜事。父亲教他如何去观察各种事物，如何体会探索事物奥秘的乐趣。这对费因曼后来走上科学研究的道路并取得重要成果起到了不可忽视的作用。

费因曼从小就喜欢摆弄收音机，在他十一二岁时，他修理收音机的技术就轰动乡里。

科 技 之 路

走进科学的殿堂

另外，他还自制了一种防盗警铃。他用电线把一个大电池和电铃连起来，一推房门，电线撞上电池使电路闭合，电铃就响起来。一天深夜，他父母刚推开他的房门，就被骤然响起的警铃声吓得不知所措，这时费因曼却从床上跳起来欢呼："成功啦，成功啦！"

费因曼不喜欢墨守成规，喜欢挑一条全新的路，看看自己能走多远。

费因曼高中毕业之后，进入麻省理工学院学习，最初主修数学和电力工程。

科技之路

麻省理工学院一景

1939 年，费因曼从麻省理工学院毕业，进入普林斯顿大学读研究生。此时，他有意识地与生物学的研究生同桌吃饭聊天，由此了解生物学的知识，从而增添了对生物学的兴趣。他还兼修生物学的课程，并很快赶上了三四年级的学生。不久，他还被邀请到哈佛大学生物系作有关噬菌体的学术报告。在 1942 年期间，围绕着第二次世界大战的争论笼罩了许多大学的校园。在普林斯顿大学，人们关注的焦点围绕着致力于原子弹的研制。费因曼在普林斯顿大学工作，研究测量爆炸压力的爆炸力测量表。1942 年 6 月，费因曼写完了题为《量子力学中的最小作用力原理》的博士论文，本文代表了对量子电动力学的初步研究。同年，费因曼与患有淋巴结核的中学恋人阿莱因·格林巴姆结婚。

1943 年，费因曼应 J·罗伯特·奥本海墨的邀请，参加了在新墨西哥州洛斯阿拉莫斯进行的原子弹研制工程的工作。在这个基地里，他负责分离铀同位素课题，手下有 4 个人。当时，严格的保密制度及其信检制度，成了费因曼寻开心的对象。在与父亲或与妻子的通信中，费因曼经常用一些数字、暗号或密码，时虚时实，时真时假，忙得检查官团团转，但结果是空忙一场。

曼哈顿工程

一天，他发现有个工人从栅栏中钻了出去，于是，他大摇大摆从大门出去，然后绕到那个洞口再钻进来，接着又从大门出去，如此多次往返，终于引起了守门人的疑惑：这小子怎么只出不进！他赶忙报告上级，想把他抓起来。不料，费因曼反倒教训起门卫来："你们保安的工作是怎么做的？漏洞大得都能钻进一个人！"

费因曼从小就有猜谜解难的嗜好，后来这一嗜好发展成撬锁和开保险柜。先是撬普通弹簧锁，随着锁的技术越来越复杂，他的开锁手段也越来越高明。在洛斯阿拉莫斯，他时常会把同事和军官们的密码柜打开，拿走锁着的机密文件。这种闹剧，常常将人吓得半死，可他却站在一旁说风凉话，说保管法太不安全。由于基地没有娱乐场所，他的撬锁表演又没有恶意，倒为这些"原子弹之父"增添了不少乐趣，他也因此得到一个美称"开锁大师"。

在基地上，养有多只警犬，它们的嗅觉都很灵敏，费因曼很想知道人的嗅觉的灵敏性。费因曼在参与曼哈顿工程的同时，利用空闲时间，开始对自己的嗅觉进行试验。最开始，他嗅太太摸过的可乐瓶，后发展到鉴别任何人摸过的瓶子、书本和扑克牌等，居然准确率达到半数以上。他把人的嗅觉失灵归咎于人的鼻子离地面太远，于是，他就在地板上爬来爬去，想嗅出自己走过的和没走过的地方究竟有什么区别，最终却一无所获，他这才深深叹息人的嗅觉比狗类差多了。

人类的第一次核试验是曼哈顿工程中的曲尼梯试验。试验时，费因曼等人站在离爆炸中心 30 公里的地方，每人发一付墨镜，用来观看爆炸场景。可费因曼却嫌戴上墨镜看不清，且认为对眼睛有伤害的紫外线是透不过玻璃的，于是，他不戴墨镜，干脆站在卡车的挡风玻璃后面观看。时间到了，远处巨大的白色闪光转而变成黄色，再转为桔黄色。在冲击波的压缩和膨胀作用下，形成巨大的蘑菇云……整个过程历时一分半钟，才传来了"砰"的巨响，接着是雷似的轰鸣。虽然在离试验中心 10 公里处也安排人，但全都奉命伏在地上。所以，费因曼认为自己是唯一的用裸眼目击这次核爆炸的人。

二战结束后，1945 年秋天开始，费因曼担任了康奈尔大学物理学的助理教授，并开始认真研究量子电动力学。

1949 年，费因曼访问巴西。一天，在餐馆里遇到一个兜售算盘的日本人。这个日本人说他的珠算速算天下无敌，这下激起了费因曼的兴趣，决定与之比试一下。一个用珠算，一个用心算。在做加法和乘法时，日本人得胜了，之后又提议比除法，可没想到问题越难，对费因曼

康奈尔大学一景

越有利，做除法时，两人旗鼓相当。再比开立方，当日本人额头上冒出汗珠才得出整数部分时，费因曼已精确地算到小数后面三位。

1952 年，费因曼出任加州大学理工学院教授，并一直工作到去世。

费因曼进入加州大学理工学院后，继续研究量子电动力学，还研究了超冷氦的性质、纳诺技术（分子级技术）的可能性，并就由粒子加速器创造出来的新粒子的本质与其他物理学家进行合作研究。1965 年与哈佛大学的朱利安·施温格和日本的朝永振一同获诺贝尔物理学奖。同时有关量子电动力学的成就也得到了嘉奖，作为量子动力学中的研究成果，费因曼制定了图示法，也称"费因曼图"，来跟踪研究粒子的相

科技之路

互作用。

费因曼小时候看过一本希腊人玩青蛙的故事，感到书中描写的青蛙叫声挺古怪，于是照着书上的象声词反复练，最终发觉它果然像蛙声。当费因曼到瑞典接受诺贝尔奖时，它对庄重的皇家礼仪不以为然，却喜欢学生们主持的一种独特仪式。这是授与每位获奖者一枚

朝永振一

"蛙式勋章"，接受者必须学一声青蛙叫，勿庸置疑，受奖者中叫得最好的，当数费因曼。

1986 年，费因曼被任命为罗杰斯领导的航天机"挑战者号"灾难调查委员会成员。在一次记者招待去上，费因曼用实例说明，用于火箭助推器部件上的 O 型环材料在水的冰点上变碎了，使气体进入从而导致了致命的爆炸。他只用了一个 C 型夹、一块 O 型环材料和一杯冰水就把问题解释清楚了。

费因曼一生有过三次婚姻，他

罗杰斯

第一个妻子因病在1945年6月去世了，20世纪50年代，费恩曼第二次结婚，但这次婚姻维持的时间很短。1960年，他又与格温内施·霍瓦施结婚。1960年，儿子卡尔出生。1968年，他收养了养女米歇尔。1978年，费因曼被诊断出患有癌症。在此后的10年中，他深受癌症反复发作的折磨。

1988年2月15日，费因曼因病死于加利福尼亚州的洛杉矶，生前他曾出版了4部演讲集，撰写了两本自传。用他自己的话来说，他是一个具有好奇性格的人，并且有着要求理解自然和解决大自然提出的各种问题的永远无法满足的愿望。另外，他还是一个优秀的演讲者，一个造诣很深的小鼓手，曾多年尝试去蒙古附近达鲁图瓦旅行，他的这一切特点将永远留在人们的记忆之中。

科技之路

洛杉矶一景

55

费因曼的主要著作有：《量子电动力学》、《基本过程的理论》、《费因曼物理学讲义》、《量子力学与路线积分》、《物理定律的特征》、《光子强子相互作用》、《科学的价值》、《QED：光和物质的奇异性》等。

科技之路

生命起源的新发现

西德尼·奥尔特曼（Sidney Altman，1939—　　），犹太人，美国著名化学家，1989 年诺贝尔化学奖获得者。

奥尔特曼，1939 年 5 月 7 日出生于加拿大的蒙特利尔。其父母为躲避对犹太民族的迫害和日益临近的战火，在他出生前几年背井离乡移民来到加拿大。就在西德尼·奥尔特曼出生后不到 4 个月的 1939 年 9 月 1 日，纳粹德国军队入侵波兰，第二次世界大战全面爆发。

蒙特利尔城市俯视一景

科技之路

在奥尔特曼很小的时候，就因为他是犹太人而遭到其他小孩的欺负，骂他是"犹太佬"，还向他吐口水、打他。但是他的父母以及父母的朋友们都告诉他，"我们决不是什么'劣等民族'。犹太人依靠自己的智慧和勤劳创造财富，并为人类文明作出了很多贡献。思想家马克思、精神分析学家弗洛伊德、经济学家李嘉图、诗人海涅、音乐家门德尔松……，这些伟大人物不都是犹太人吗？就连基督教的创始人耶稣也是犹太人。""还有著名物理学家爱因斯坦。每一个不带偏见的人都会承认他是当今世界上最伟大的科学家，他是我们整个犹太民族的骄傲。"

奥尔特曼

马克思

海　涅

父母没有受过多少教育，了解的科学知识也极为有限，但他们却总把爱因斯坦的名字挂在嘴边。小奥尔特曼经常听到父母这样说："年轻人就应该以爱因斯坦为榜样"，"要像爱因斯坦一样热爱科学"。这并不是因为他们对爱因斯坦及其他所从事的科学研究有多少了解，而是由于爱因斯坦是一个犹太人，即使是那些对犹太民族有偏见的美国人或加拿大人，大多数也不得不在爱因斯坦面前低下他们傲慢的头。从爱因斯坦的身上，父母看到：通过学习科学、从事科学研究事业，可以改变犹太人在社会上的境遇，赢得人们的尊敬。正是由于这个原因，他们才把爱因斯坦作为孩子学习的榜样。

奥尔特曼的父亲开了一家很小的蔬菜食品杂货店，母亲除了做家务照料孩子外，也要在店中照顾生意。家境虽然贫寒，但充满了温暖。父母拼命地工作挣钱，他们不仅要让孩子能够过上好一点的生活，而且想要让他们接受良好的教育，将来能够有比自己更加光明的前途。为此，父母从为数不多的收入中尽量多挤出一些钱来存入银行，用于将来对孩子的教育。从奥尔特曼5岁起，父母就开始教他认字。他6岁时，就已经可以自己看书了。

1945年5月，德国和意大利法西斯被彻底打败了。8月初，美国在日本投下了两颗原子弹。几天后，日本宣布无条件投降。第二次世界大战胜利结束了，人们奔走相告，孩子们也同样被喜悦的气氛所感染。原子弹的原理是以爱因斯坦的理论作为基础的，爱因斯坦还为推动美国政府研制原子弹发挥了重要的作用。从广播和大人

爱因斯坦

科技之路

们的交谈中，小奥尔特曼再一次频繁地听到爱因斯坦的名字。

这一切使小奥尔特曼对物理学发生了浓厚的兴趣，他甚至还读了一本有关原子弹的科普小册子。虽然这本书语言通俗、浅显易懂，但它对于一个年仅 6 岁的孩子来说还是太深奥了，他无法理解这本书的内容，甚至不记得书名了。尽管如此，这本书还是在小奥尔特曼面前展现了一个原子物理学绚丽多彩、奇妙无比的世界。

"原子是什么样的？什么是铀？什么是核裂变？为什么 1 克铀完全裂变所释放的能量竟相当燃烧 3 吨煤？"

面对儿子的提问，父母无法解释，只能再买更多的科普书，让孩子自己从书中来寻找答案。父母的钱不多，却愿意为孩子作这种"智力投资"。这一年，父母还给儿子买了一个科学玩具，它能够演示出氧气的特性和作用，令小奥尔特曼兴趣盎然。直到奥尔特曼步入老年，仍清楚地记得这件儿时的玩具。

随着年龄的增长，小奥尔特曼读书越来越多，他对原子物理学的兴

科技之路

元素周期表

元素周期表

趣与日俱增。12 岁时，父母为他买了一本塞里格·海茨所写的科普读物《原子的说明》。这本书简明、通俗地概述了元素周期表和原子的结构，并着重介绍了元素周期表设计的优美性和该表对于当时未知元素的科学预见。这使小奥尔特曼对于科学家的研究与生活十分向往和憧憬，并加深了他对于原子物理学的迷恋。对此，父母十分高兴，他们趁热打铁又给儿子买了一本《爱因斯坦传》。他们希望儿子能够像爱因斯坦一样，成为犹太民族的骄傲。当奥尔特曼成为著名科学家后，回忆童年时曾说："我的父母总是鼓励我学习，并培养我对学习的兴趣。他们认为：读书、接受教育和努力工作，是一个人取得成功的必由之路。我相信，这些道理在任何地方、对任何人来说都是至理名言。"

中学时代，奥尔特曼各门功课的学习成绩都很一般，只有物理例外。中学毕业后，奥尔特曼考入美国麻省理工学院学习物理学，他的理

麻省理工学院一景

想是能够成为一名物理学家，成为第二个爱因斯坦。但后来发生的事情，却使他的志向由物理学转向了生命科学。

沃森（左）和克里克（右）

20 世纪 40 年代末，奥地利著名物理学家，1933 年诺贝尔物理学获得者薛定谔写了一本有关生命科学的书：《生命是什么?》。薛定谔在这本书中提出：用最新的物理学理论来确定、分析和解释生命现象，这将带来生命科学的重大突破。这本书在当时引起了极大的反响，导致许多学习物理专业的年轻人转而从事生命科学研究。此后的十几年里，这批年轻人中的佼佼者在生命科学领域取得了一系列重要的进展，其中的代表性人物是美国科学家沃森和英国科学家克里克。他们二人都因受到薛定谔这本书的影响，走上了生命科学的道路。后来他们合作研究脱氧核糖核酸（DNA）的结构，取得了重大成果，并因此共同荣获 1962 年诺贝尔生理学及医学奖。

当时，在大学里许多有志于科学事业的年轻学子和研究人员中，都在热烈地谈论着这场由物理学家引起的生物学研究重大突破，他们激动、兴奋、跃跃欲试。奥尔特曼也读了《生命是什么?》这本书，并受周围年轻人的感染和影响，对生物学产生了强烈的兴趣。这时，一个偶然的机会让奥尔特曼听了一个演讲，主讲人戈莫夫博士以极大的热情，从物理学角度向年轻人们介绍了分子生物学领域里的一系列最新成就，并展示了这一领域的广阔发展前景。戈莫夫博士生动的讲演，使奥尔特

科技之路

曼想要从事生物学研究的决心更加坚定，于是他转学到了科罗拉多大学学习生物学。

科罗拉多大学

　　1967年，奥尔特曼获得美国加利福尼亚大学博士学位，开始从事分子生物学的研究与教学工作。奥尔特曼"半路出家"，开始从事分子生物学的束缚较少，而且物理学、化学的基础较好，因而能够以不同于一般生物学家的视角来进行研究。

　　在20世纪80年代以前，大多数科学家认为核酸是遗传信息的重要载体，但一般认为它们并不具有生物催化作用；只有蛋白质才具有生物催化作用，是它导致了生命的诞生。细胞内核酸作为遗传信息分子、蛋白质作为催化分子分工的观点在当时得到了人们的认可，并被作为"生物化学的基本定论"，写入有关的教科书。

　　20世纪70年代后期至80年代初，奥尔特曼与美国化学家切赫分别

科技之路

在研究中发现核糖核酸具有像酶一样的作用，催化着生物体内的化学反应。这就意味着：地球上最早最古老的生物高分子应是不仅携带遗传信息功能、同时也具有催化功能的核糖核酸（RNA）分子。这一研究结论将推翻关于生命起源理论的定论，非常具有革命性，以至于许多生物学权威根本就不接受他们的见解。为此，奥尔特曼和切赫在心理承受了来自同行们的巨大压力。直到 20 世纪 80 年代中期，奥尔特曼和切赫的发现终于开始得到了人们的承认。

奥尔特曼和切赫的研究成果，不仅使人们对于生命起源有了全新的认识，而且使科学家们可以利用核糖核酸切割分离法，得出治疗多种病毒性疾病的新方法。由于这一重大发现，奥尔特曼与切赫共同荣获 1989 年的诺贝尔化学奖。奥尔特曼虽然没有成为第二个爱因斯坦，但他并没有辜负父母的期望，以自己对于科学和人类的重大贡献，成为犹太民族的又一个骄傲。

人们常说：一个榜样，一本好书会影响人的一生。这句话其实一点也不假。尽管奥尔特曼在小学和中学时代并不是一个成绩十分突出的学生，但父母并没有苛求他的分数，而是引导他以科学家为榜样，鼓励他阅读科普读物，培养他对于科学的爱好和兴趣，这使他最终走上了科学的道路并取得了十分辉煌的成就。

奥尔特曼的主要著作有：《转移 RNA》、《转移 RNA 过程中的酶》、《对一种类精朊蛋白的基因编码》、《论生物化学催化作用》等。

RNA "自我分裂" 的发现

托马斯·切赫（Thomas Robert Cech，1947.12.8—　），美国生物化学家，1989 年诺贝尔化学奖获得者。

1947 年 12 月 8 日，托马斯·切赫出生在美国东北部的芝加哥市。在小切赫 5 岁的时候，为了给孩子提供一个更安全、更好的生活环境，父亲提出迁居到美国中部衣阿华州的衣阿华城。但切赫的母亲却不太同意。她认为，当时的衣阿华城还不太发达和繁华，在那里生活、购物远不如芝加哥方便。为此，父母讨论了很久。最终，出于对孩子健康成长的考虑，母亲还是同意了父亲的主张举家向西迁徙。

切　赫

衣阿华城是一座规模不大的城市，但是环境优美、社会治安良好，更重要的是有好几座著名的大学，因此被称为美国中部的大学城。美国的大学里一般不建宿舍，教职员工们住在城市的居民区里，学生们也住在校外的公寓里。大学的周围净是老师和大学生，形成了一种浓郁的校园气氛，这对孩子的成长很有益处，也给少年时期的切赫留下了美好的

科技之路

印象。

衣阿华州一景

切赫从小就喜欢动手制作些小东西，锤子、锯子、钉子、木头块这些东西在他看来比什么玩具都好玩。每天他都会独自一个人敲敲打打地玩上半天，在动手制作之中享受到无穷的乐趣，体会到了成功的喜悦。

切赫的父亲是一名医生，但这并不是他青年时期的理想，他那时想作一名从事研究的科学家。然而就在切赫的父亲要对将来的职业作出选择时，正赶上了20世纪20年代末、30年代初的那场全球性经济大萧条。出于谋生的需要，父亲不得不放弃了当科学家的梦想，选择了收入比较丰厚和稳定的医生职业。但父亲并没有放弃对科学研究的爱好，仍在业余时间里从事植物学和气象学的研究。父亲每当在科学研究中有了一点新的发现，就会用深入浅出的语言讲给妻子和孩子们听。这一切对小切赫产生了潜移默化的影响。在切赫眼中，父亲是一个学识渊博的

人。看到每次父亲谈论科学时总是眉飞色舞，所以他心里想科学一定是十分有趣的。于是，他对科学产生了强烈的好奇心。

"长大后，我要当一名科学家。"这是切赫在上小学时写的一篇作文中表达的强烈愿望。当时，他的理想是当地质家或是化学家。父亲看到这篇作文十分高兴，儿子小小年纪就有如此远大的志向，自己未尽的心愿将有可能在儿子身上得以实现。

母亲特意把这篇作文保存了下来，她还珍藏着儿子青少年时期的各种有意义的物品。当切赫成为科学家之后，母亲把这些珍藏了多年的东西还给了儿子。切赫看到这些自己童年时的物品，激动万分。他从中体会到了母亲的良苦用心。

小学四年级时，切赫由于深受一位老师的影响，开始喜爱上了地质学，这位老师不仅给学生们看各种各样美丽的岩石标本，而且还绘声绘色地向他们讲述地球变迁和生命进化的故事。老师告诉学生们：这些故事就蕴藏在一块块矿石和化石之中，你们要用自己的手去寻找，用自己的眼睛去发现，去探索其中的奥秘。这些深深地吸引了小切赫，所以他从此钟情于地质学，而且这份感情直到他步入老年也有增无减。

12岁的时候，小切赫跟随爷爷乘火车去著名的科罗拉多大峡谷旅游。在衣阿华时，切赫只看见过一些小山丘。当他来到雄伟的落基山脉脚下时，高兴的不得了："这才是真正的山哪"。他在这里采集了好多的岩石标本，多得以至爷爷都担心行李超重上不了火车，要把一部分石头扔下。"这可是在衣阿华不曾见过的珍贵岩石标本呵！"哪一块石头小切赫也舍不得丢下。于是，他瞒着爷爷将石头装进了自己随身携带的小旅行袋，而且是自己背，不让爷爷拿。旅行袋装满了沉甸甸的石头，只要能把心爱的岩石标本背回家，包再沉小切赫也不觉得累。孙子喜悦、兴奋的情绪也感染了爷爷，第二年爷爷又带切赫再次去了科罗拉多。

科技之路

在上中学的时候，通过父亲的帮助，他得到了一个能够拜访衣阿华大学地质学教授的机会。他以一名业余地质学爱好者的身份，向大学教授提出了许多关于化石和陨石方面的问题。教授并没有因为切赫是一个只能提出相对比较简单问题的十几岁少年而敷衍了事，他明白这样一次与科学家当面请教和交流的机会，对于一个热爱科学的少年来说意味着什么。教授不但非常耐心地为切赫解答问题，而且十分热情地带他参观了大学的标本陈列室。

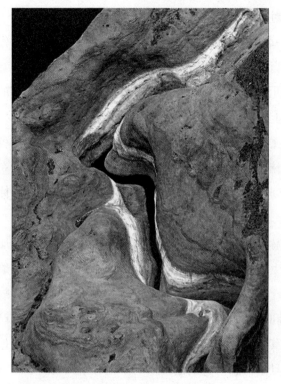

科罗拉多大峡谷

　　化学是小切赫喜爱的另一门科学，他在自家的地下室里建立了一个化学实验室。在这方面，做医生的父亲为儿子提供了必要的帮助和支持。他利用自己的专长和便利的条件，为儿子购买实验用品，并解答儿子实验中所遇到的问题。儿时家中的化学实验，为切赫日后的科学研究打下了坚实的基础。

　　衣阿华州每年都举办一次"科学博览会"，在会上虽然也展示一些院校、科研机构和企业的科技成果，但它更是一次本地科学爱好者展示自己作品的盛会。有科技小发明、科学模型、动植物和矿石标本、未来科技发展的设想方案以及业余研究的成果等等，其中尤以青少年的科技作品居多，每次博览会都吸引了众多青少年和家长前来参观。切赫14岁时首次参加博览会，并展示了自己的作品，此后连续3年参展，并且每次都在青少年组科技作品的比赛中获奖，直到年满16岁不能再参加青少年组的比赛为止。

科学使切赫兴奋，给他带来了无限的乐趣，这促使他自觉地努力学习，以汲取更多的科学文化知识，他的学习成绩在学校里总是名列前茅。切赫度过了愉快的小学和中学时代，以优异的成绩考入伯克利加州大学，学习物理化学专业。大学毕业后攻读研究生时，他转而选择分子生物学作为自己今后的研究方向，并于1975年取得了博士学位。1977年至今，一直在科罗拉多大学任生物和生物化学系教授。

1981年至1982年，切赫在实验中发现：一种特殊的核糖核酸（RNA）具有分裂并重新组合其自身结构的功能——"自我分裂"的过程。这是人类第一次发现核糖核酸具有像酶一样的生物催化功能的实例，由此可以证明是核糖核酸导致了地球上第一个生命体的诞生。这是一个轰动世界生物学界的重大科学发现，它彻底推翻了以往

科技之路

科罗拉多大学一景

关于生命起源的定论。当切赫得出这一结论并向世人公布时，他的心情就像童年时发现了一块罕见的岩石标本一样激动、兴奋。尽管当时生物界的权威们一时还难以接受这个年轻人的新观点，但这反而更加激发了切赫对自己的研究课题的热情和兴趣。几乎与切赫同时，远在美国耶鲁大学的加拿大分子生物学家西德尼·奥尔特曼也获得了同样的发现。由于这一研究成果，切赫和奥尔特曼共同荣获了 1989 年诺贝尔奖化学奖。

耶鲁大学

切赫的主要著作有：《RNA 是一种酶》、《自拼接 RNA 和 RNA 酶的化学》、《酶活性 RNA 及其医学上的应用》、《一个催化的 RNA 分子内部和外部的定义》。

先人一步的观念

亨利·陶布（Henry Taube，1915.11.30—2005.11.16），1915 年 11 月 30 日出生于加拿大萨斯喀彻温省的诺伊多夫，他父母租来的草屋里。

萨斯喀彻温省一景

据说，亨利·陶布的先辈是在凯瑟琳皇后统治时期从德国迁居到乌克兰的。他的父母都是农民，除了从路德教（基督教新教中的一支）牧师那里学到的一些德语之外，再没有受过其他教育。在沙皇的统治下，这些德国移民后裔的生活十分贫苦。大约在 1911 年，陶布的父母

科
技
之
路

从俄国逃了出来，并定居在加拿大，当时有许多德国血统的人定居在那里。父亲做农场工人，母亲则为别人家清洁房子、打扫地板等。一家人辛勤劳作，生活仍旧十分艰难。

陶 布

在他4岁那年，陶布的父母已经积攒了一些钱，可以自己租一个农场了，于是他们便在一个有两间房子的简陋小木屋里居住了下来。直到陶布13岁到路德学院读书，他们才离开那里。

陶布的早期启蒙教育，是在只有一间教室的学校里完成的。那间教室里大约有24个学生，分别属于至少8个年级。学生们被轮流叫到老师的办公桌前背诵课文，背课文的声音整个教室都听得一清二楚。陶布经常仔细听高年级同学背的课文，因此学习进步很快。在上学期间跳过两次级。尽管陶布很聪明，学习又非常努力，但是在八年级毕业后，还是在家闲待了一年，因为所有老师都没有能力和资格教高中。后来学校终于找到了一个有资格的老师，陶布才又继续去上学。

陶布的同学中几乎没有一个能够继续深造的，大多数人都留在家里务农。陶布的父亲与其他人的思想不一样，他非常希望自己的4个儿子能生活得更好一些，他认为有文化才能过上好日子。陶布的大哥奥古斯特比陶布大15岁，只上过很短一段时间的夜校，并在很早就离开了家，非法越过边界到美国谋生。二哥爱德华上学时给学校的老师丹斯先生留下了很良好的印象，丹斯自己没有孩子，在征得陶布父母的同意之后，把爱德华接到自己家里生活。陶布只能在暑假期间才能见到二哥，爱德

华每次回来都能讲一些非常新奇的东西给陶布听，使陶布大开眼界。后来爱德华获得了博士学位，他是陶布家族中有史可查的第一个接受了高等教育的人。

陶布的父亲非常希望陶布能成为一名路德教的牧师，这并不是由于他对路德教的虔诚信仰，而是因为父亲根据自己以往的生活经验，认为成为牧师就非常有希望能过上好日子。

在 12 岁那一年，陶布进了路德学院。这是一所寄宿制中学。设有

路德学院

化学、物理、数学及文学、历史等多门课程，当然其中也包括宗教课程。在陶布上中学的第二、三年，所有课程的成绩都良好。

开始，陶布是想做牧师的，他很相信路德教。然而，陶布又是一个非常热爱学习的人，所有能够找到的书籍他都要把它读完。那时，他发现了英国博物学家达尔文的进化论学说，这个学说深深地吸引了他，书中所讲的与教会所宣传的东西大不相同。尽管陶布努力维系着他的宗教信仰，但是达尔文学说对他却有不可抗拒的力量。

科技之路

这一转变发生在他 15 岁那年。陶布回忆当时的情景时说："我清楚地记得曾发生过这样一件事，这件事改变了我生活的方向。有一天，我正在路德学院的图书馆里像往常一样阅读书籍。我记得，我拿出一本路德牧师写的书，它是讲有关进化论的。我甚至记得那本书的封面是蓝色的，特别是其中一页左边空白的图例，画了大约 36 只老鼠在那儿奔跑，每一只都有尾巴。这些老鼠都是用来参加一个实验的。把几代实验老鼠的尾巴都剪去，尽管这样，这些老鼠们的后代仍然能长出尾巴来。于是，这位牧师得出结论，进化的思想是毫无意义的。我感到了难以忍受的悲哀，然后把书默默地放回了书架。牧师荒谬的思想方法使我改变了生活的方向，我再也不想做一名牧师了！我把这个想法告诉了父亲，他感到大为吃惊，在胸前划着十字。但是他并没有试图劝说我，只是简单地表达了他的希望，他希望我今后无论选择做什么样的工作都要做出点成绩来。"

路德教牧师对达尔文思想的严重曲解，强烈地动摇了陶布的宗教信仰，并改变了他想当牧师的初衷。而路德学院化学教师对他的关心，则使他逐渐开始关注化学。

1929 年，美国爆发了空前严重的经济危机，证券和期货市场全面崩盘。这场危机迅速波及到了加拿大和整个欧洲，并席卷了全球，陶布的父亲在期货交易中失去了他多年积攒下来的钱。这时陶布正在路德学院上二年级，父亲再没有能力继续供他读书了。

陶布在中学时代显示出了他与众不同的优秀素质。他的化学老师保罗·谢非尔德回忆上学时的陶布时说："他能够修理任何损坏了的东西，并且使它比以前更好。我过去常常惊奇地看着他——他做这些事情做得有条有理。陶布认为：既然人们已经制造出这种东西，其他人就应该能够了解它和修理它。陶布是我所遇到用这种方式来解决问题的第一人。"

谢菲尔德老师非常喜欢这个既聪明好学又颇具潜质的学生，便劝说学校的管理者减免陶布的学费和食宿费，前提条件是陶布要在实验室里协助老师做实验。这样一来陶布就能付得起学费和维持生计，继续求学了。这也为陶布后来选择化学作为终身职业埋下了契机。

陶布充当化学教师的助手，职责是为定性分析实验准备检测样品，记录学生实验成绩，指导学生们做实验，帮助学生解决实验中遇到的疑难问题。此外，陶布课余时间还利用贮藏室的通道做一些定性分析实验，设计在未知物中检出可供选择的金属元素的方法。多年以后，有人问陶布，为什么会对化学产生兴趣？陶布回答说："我喜欢把一些东西混合在一起，然后看会发生什么事情。"

过渡金属元素的艳丽色彩，室温下水溶液中离子反应速度的加快，都使得陶布的好奇心得到不断的满足和激励。尽管化学反应对他产生了巨大的吸引力，但英国文学早已占据了陶布的心。陶布对英国文学的爱好是在物理教师卡尔先生的影响下产生的，卡尔每次上课讲的最多的不是物理而是诗歌。看到老师在讲台上朗诵诗歌时怡然自得的神情，使陶布内心深处受到极大的感染，激发了他对文学的爱好和向往。陶布觉得文学是一个五彩斑斓的世界，值得自己献身于它。

但是，一件极其偶然的事件使陶布最终选择了化学作为他的终身职业。当陶布离开路德学院报考萨斯喀彻温大学时，本来他已经决定选择英国文学了，陶布个子比较矮小，又不善于交际，排了几次队都没有注册上。就在这时，陶布遇到了路德学院的一个同学，他已经注册了化学专业。陶布不由心中一动，化学在他心中的地位猛然上升起来，"何不试一试？"陶布心里这样想。就这样，陶布就注册了化学专业。

在大学学习期间，陶布虽然没有花太大的努力，但是各门功课都学得相当不错，当然也包括化学。但对化学专业的选择并不妨碍他对英国文学的热爱，他在业余时间阅读了大量的英国文学著作。

1935 年，陶布获得加拿大萨斯喀彻温大学理学学士学位。1937 年，陶布获加利福尼亚大学理学硕士学位。

萨斯喀彻温大学一景

陶布获得了硕士学位之后，对化学有了真正深刻的认识，并且强烈地喜欢上了化学。为了获得博士学位，陶布进入美国加利福尼亚大学伯克利分校化学系，虽然它是一个相对比较小的院系，但它仅有的 14 位老师都非常优秀，而且伯克利分校化学系是全世界最有影响的化学系之一。在那里，陶布感到了一种十分良好的学习气氛。这里的人们相见时，总是探讨一些有关化学的问题，很多都是人们正在研究的课题，或是在实验中遇到的各种困难。给陶布留下深刻印象的不仅是人们探讨问题所表现出的热情，更多的还是他们坦诚地向别人学习的愿望。几乎没有人想在别人面前炫耀自己，自吹自擂的事情根本不会发生，人们都在真心诚意地研究学问。在这种气氛下，陶布感到了真正的科学研究工作是十分神圣的。这是他一生中一个关键的转折点。对化学的真正热爱也正是从这里开始的。

加州大学伯克利分校一景

陶布感到，化学不仅是一种谋生的手段，更重要的是它能成为人生当中的一部分。很多年以后，陶布对青年学生讲了这样一段话："通过探索别人的思想，掌握和评价这些思想，你可以获得精神上的满足，这种满足感是需要训练的。而且，除这以外还有另外一种更高层次上的探索，我希望你们中的一些人会选择这种探索方式。如果你的学习使你对事物的理解已经达到了某一境界，也就是理解得很深入了以后，你就会发现你能够超越以前无人能够企及的水平。这种经历是令人振奋的，这种振奋是无法被否定的，这种振奋带你进入一种研究的生活。"这是陶布在加利福尼亚大学伯克利分校学习时所领悟出的真谛。

1940年，陶布在加利福尼亚大学获得博士学位，并留校任教。1941—1946年，任教于纽约康奈尔大学。1946—1962年，在伊利诺斯州芝加哥大学任教，1952年，晋升为教授，1955年，任化学系主任。1961年，任加利福尼亚州斯坦福大学教授。

芝加哥大学一景

在博士毕业后的10多年里，陶布的兴趣主要集中在研究无机化学方面，特别是金属合成物。20世纪50年代是无机化学的"文艺复兴时代"，在这一时期，陶布潜心研究配位化合物电子转移反应机理，这一课题的研究占据了陶布大部分时间，也给了他巨大的满足。从某种意义上讲，他对这个课题的兴趣实际上是一种"回归"，因为陶布在路德学院给谢菲尔德教师做助手时对这个课题就已经产生了兴趣，只是没有显现出来，使这个兴趣整整休眠了10多年。

机遇、选择、改变，是陶布成长过程中的三个重要环节，不论

科技之路

是有意还是无意，每当机遇来临之时，陶布总是勇于选择，选择本身也就意味着某种改变。这就是一个科学家的生活。1983 年，陶布得知他狭得了诺贝尔化学奖时，他的反应和平时一样，显得十分淡然。他说："这个领域能有今天的成果，实际上是许多人贡献的结果。诺贝尔奖评选委员会在这些有功的研究人员中选拔代表，而我只是幸运地被选上了。"

陶布的正确选择使他走上了成功之路，而诺贝尔奖的获得却是别人对他的选择。当然，别人对他的选择是基于他的重大成就。陶布所做的研究是十分杰出的，而且往往比同行们领先一步。斯坦福大学的同事詹姆斯·克尔曼评价他说："大家都认为他是一位独具慧眼的科学家，他总是能够比别人早一步踏入别人未开拓的领域，他的观念往往比时代早了 25 年。"这就是陶布成功的秘诀。

斯坦福大学一景

　　陶布还有另外一个显著的特色，那就是他所做的这些研究都不需要大规模的实验装置，完全是凭他自己卓越的想象力，加上几种用手操作的小装置就可以完成了。有人形容陶布说："研究人员大体上可分为经验累积型及灵感突发型两种，而他是属于后者。"除此之外，陶布也是一位授课高手，他可以只靠黑板而不需要借助其他教具就能把非常抽象的概念说明得非常清楚明了。

科技之路

DNA 的首次人工切割

汉密尔顿·奥塞内尔·史密斯（Hamilton Othniel Smith, 1931.8.23— ），1931 年 8 月 23 日生于美国纽约，从小就活泼好动，与哥哥诺曼经常扰得邻居找上门来，让他们的母亲经常向人家赔着笑脸，又是道歉、又是答应管好自己的孩子。两个男孩知道自己惹了麻烦，互相吐了吐舌头，蹑手蹑脚地回到自己的房间。但过不了多久，他们又会把家里闹得天翻地覆，结果是公寓的管理员过来了，管理员恶狠狠地说："给你们最后一次机会，史密斯太太。"

哥伦比亚大学

科技之路

一年后，他们父亲获得了哥伦比亚大学教育学博士学位，应聘到伊利诺斯州香槟郡厄巴纳的伊利诺斯大学任教，一家人迁居到厄巴纳。父母特地在大学附近找到一座带有地下室的独立房舍，让孩子们有一个可以尽情玩耍的游戏天地。小哥俩很快就喜欢上了这个新家，多年被压抑的天性终于可以得到毫无顾忌的宣泄了。这里成了他们快乐的天堂，开心的乐园，一切无拘无束，多么美妙！

汉密尔顿·史密斯9岁那年，父母特意买来成套的化学实验用品，在地下室建立了一个实验室。父母先为孩子们演示了几个简单而有趣的化学实验，想借此激发孩子的好奇心。果然，小哥俩被奇妙的化学反应吸引了，把它当作最有意思的游戏。从此，哥俩从学校回家之后的第一件事就是冲进地下室"工作"，他们在这里进行各种令他们万分着迷的化学实验和小制作。在他们没有这块天地时，每到放学的时候，总是要在路上玩个够，才往家里赶。哥俩在业余时间当送报童，用打工挣来的钱充实他们的实验室用品。他们还到处拾废品作为科技小制作的材料，并用这些废旧材料自己动手制造出了离心机、喷灯和望远镜。

在地下室里，小哥俩反倒安静了下来。兄弟俩心有灵犀一点通，只要一句话、一个手势或一个眼神，就可以配合得相当默契。有时，好几个小时也不说一句话，更听不见高声喊叫！

在实验和制作的过程中，小

现代离心机

哥俩对科学技术越来越产生了浓厚的兴趣。当时，现代火箭刚刚诞生不久，大多数人还不了解火箭，特别是其内部结构和原理。但小哥俩根据书刊上介绍的火箭构造与原理，自己动手制作出了一枚长达3米的火箭。小哥俩看着自己的杰作，兴奋得不知怎么办才好！

可是，就在小哥俩准备对自己的"杰作"进行发射试验时，火箭却突然不见了。兄弟俩急的像丢了魂似的，翻遍了地下室的犄角旮旯，却怎么也找不到。小哥俩心里暗自流泪！可要知道，那是他们经过好几天的努力，第一次制做成的东西！此时小史密斯突然灵机一动，莫非是母亲发现火箭，把它藏起来了？果然不出史密斯所料，原来是母亲发现了儿子的火箭。虽然她一直鼓励儿子从事科学实验和制作的活动，但这个火箭简直就是一个大炸弹，太危险了！万一把两个宝贝儿子炸伤了怎么办？母亲的本能促使她采取了一个与她的一贯主张相悖的行动——她把儿子们的火箭悄悄藏了起来。火箭失踪了，所以小哥俩特别不高兴，曾一度对母亲这种行为不能理解。

一年之后，哥哥诺曼偶然发现了被母亲藏起来的火箭。他兴奋极了，马上召集附近的孩子到玉米地集合。不过不知为何，一向与弟弟亲密无间的哥哥这回却没叫上弟弟，是他害怕被母亲知道了，连累弟弟一起受到母亲的责怪？还是他想独自一人在小伙伴面前炫耀自己？总之，最后的结果是这枚火箭只慢悠悠地上升了6米便一头栽下来了。哥哥垂头丧气地回来了，弟弟也遭受了极大的打击——一方面因为发射失败，但更主要的是因为哥哥把自己给"甩"了。小汉密尔顿怎么也想不明白"哥哥为什么要这么做，哥哥对自己那么照顾，更何况那火箭我有一段呢"，想到这里他真的很伤心……

兄弟就是兄弟，哥俩之间这点小小的芥蒂很快就被新的共同兴趣给冲刷得无影无踪了。他们在学校图书馆阅读到了几本电子书籍后，又都发疯似地迷上了电子学。当他们把图书馆拥有的所有有关电子学的图书

科技之路

都阅读完了之后，又在地下室开始了电子实验。他们利用一个废旧霓虹灯的大变压器及导线，制作了一种"电烟花"。接通电流之后，顶端会飞出耀眼的火花。这一壮观景象引得附近的小伙伴纷纷前来观看，对兄弟二人的本事钦佩不已。母亲也深受感动，她从自己的写作经历中深知创作出一件自认为得意的作品将会带来怎样的快乐。她决定不再干涉和束缚儿子的行动，让他们在自己制作实验的天地自由地飞翔。

在这小哥俩看来，科学知识就像吃饭睡觉一样是生命当中必不可少的东西。因此，他们对学习十分认真，各门功课都一直名列前茅。

中学毕业后，汉密尔顿和哥哥一样进入父亲所在的伊利诺斯大

伊利诺斯大学一景

学。汉密尔顿是带着儿时对数学产生的好感进入大学学习数学的。但实际上他对数学的兴趣还是非常模糊的。1950 年的一天，正在上大学三年级的哥哥发现了一篇有关生命科学的文章，文章展现了当时正在

蓬勃发展的生命科学的美好前景，并介绍了利用物理学、数学的理论与方法研究生命科学的新趋势。诺曼把这篇文章推荐给弟弟看，于是汉密尔顿对数学的兴趣开始动摇了，他觉得生命科学对自己的吸引力比数学要大得多。

汉密尔顿没有丝毫地犹豫，果断地放弃了已学习了两年的数学，转而到加利福尼亚大学伯克利分校攻读生物学。哥哥推荐的这篇文章成为架通汉密尔顿数学天赋和生物学的桥梁，而诺曼虽然同样也对生命科学生产了兴趣，但他因为不愿意放弃再有一年即可毕业的物理学专业，而留在伊利诺斯大学继续学习。

加州大学伯克利分校一景

到伯克利念书，是汉密尔顿有生以来第一次离开朝夕相伴的哥哥，独自一人走上了人生之路。没有了哥哥的帮助和陪伴，汉密尔顿起初还真有点不习惯。因为从儿时起，他们一直形影不离，干什么事情都在一

科技之路

85

起，互相帮助、鼓励，但更多的是哥哥照顾弟弟。还好伯克利开设的细胞生物学、生物化学等生物学课程对他有着极大的吸引力，他对分子生物学的兴趣与日俱增，这使他很快调整了对哥哥的依赖心理，开始独自闯天下。而留在伊利诺斯大学的诺曼同样因离开弟弟感到不适应，并产生了严重的心理障碍。不久，诺曼患了精神分裂症，经常幻听，总是怀疑有人要毒害自己。这件事，也使汉密尔顿心里非常地痛苦，后来，他回忆说："当初，如果我不去伯克利读书的话，那么也不会出现这种情况！"从言语中看得出汉密尔顿十分自责。

1952 年，汉密尔顿·史密斯从加利福尼亚大学伯克利分校毕业后，进入闻名遐迩的约翰·霍普金斯大学医学院攻读医学研究生。1956 年他获得了医学博士学位后，到密苏里州圣路易士的华盛顿大学巴恩斯医院当了一年的实习医生。这一年他的最大"成就"是与一位金发女郎结识并相爱。第二年春天，他们结了婚。

华盛顿大学

科技之路

结婚后，汉密尔顿当了 5 年医生。在一般美国人眼中，医生是一个受人尊敬、工作稳定、收入颇丰的职业。但汉密尔顿认为，医生在某种程度上是"凭经验吃饭"，总是在现有的知识里打转转，这激发不起他的热情来。他倒是对探索生物化学、特别是遗传学的奥秘情有独钟，尽管在这一行里取得成功并不容易。在医院紧张的工作之余，汉密尔顿阅读了大量分子生物学和遗传学的书籍，这更坚定了他的理想。最终他再一次"跳槽"，选择了作一名分子生物学家。也正是这条生物学家道路使他走上了成功的高峰。

20 世纪 60 年代，瑞士科学家阿尔伯首次从理论上提出了脱氧核酸限制性内切酶的存在，他认为人类可以运用限制性内切酶对重要的遗传物质脱氧核糖核酸（DNA）分子的特定部位进行切割，为不同 DNA 之间的连接创造必不可少的条件。阿尔伯等人还在 1968 年成功地分离出了 I 型脱氧核酸限制性内切酶，但这种限制性内切酶切割 DNA 分子的效果并不是预期那样的好。

此时的汉密尔顿正在著名的约翰·霍普金斯大学微生物学系从事生

约翰·霍普金斯大学

科技之路

物遗传基因研究，当他了解到这一情况后，立即投入了该领域的研究。不久，他从细菌中分离出了一种新的限制性内切酶——Hind Ⅱ。汉密尔顿的同事、微生物遗传学家内森斯使用 Hind Ⅱ 在世界上首次完成了 DNA 的人工切割，证明它是一种切割遗传基因理想的"分子剪刀"。汉密尔顿和内森斯的成果立即轰动了科学界，它使人类可以实现遗传基因的重组，为现代基因工程的诞生打下了基础。从此，分子生物学家就可以像建筑师一样，能够根据自己的意愿设计、组建出新的遗传物质。由于这一重要成果，汉密尔顿与阿尔伯、内森斯共同荣获了 1978 年诺贝尔生理学及医学奖。

科技之路

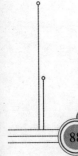

"遗传密码" 理论

乔治·伽莫夫（G. Gamov，1904—1968）是全球闻名的俄国著名物理家和天文学家。

1904 年，乔治·伽莫夫生于俄国的敖德萨市，父亲是教师。伽莫夫少年时期经历了战争和革命的动乱，1922 年进入新俄罗斯大学就读，不久转到列宁格勒大学攻读光学，曾师从著名宇宙学家亚力山大·弗里德曼学习弗里德曼宇宙模型。1928 年获得物理学博士学位。

科
技
之
路

列宁格勒大学

89

科技之路

1928 年到 1932 年间，伽莫夫曾先后在德国哥廷根大学、丹麦哥本哈根大学理论物理研究所和英国剑桥大学卡文迪许实验室，师从著名物理学家玻尔和卢瑟福从事研究工作。在哥廷根大学期间，伽莫夫成功地将量子理论应用到原子核的研究，解释了 α 衰变。

1931 年，伽莫夫回到列宁格勒大学担任物理教授，并被任命为列宁格勒科学院首席研究员。当时在斯大林制度下，伽莫夫感到自己富于想象力的天性受到压制，很不开心。1933 年，在出席比利时布鲁塞尔召开的一次会议时，伽莫夫抓住

乔治·伽莫夫

机会离开了苏联，在法国巴黎的居里研究所从事研究。

1934 年伽莫夫移居美国，担任密执安大学讲师，同年秋被聘为哥伦比亚特区的华盛顿大学教授，在华盛顿大学工作期间，伽莫夫主要从事宇宙学和天体物理学研究，1936 年提出 β 衰变的伽莫夫特勒选择定则。这个时期是他学术生涯的顶峰，在这个时期，他取得了一系列重要的研究成果。

密执安大学

现代宇宙大爆炸理论是在 1932 年由比利时牧师勒梅特首次提出的。1940 年代，伽莫夫与他的两个学生——拉尔夫·阿尔菲和罗伯特·赫

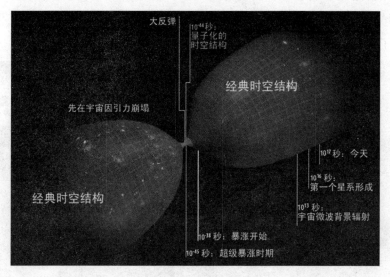

大爆炸宇宙模型

尔曼，一道将相对论引入宇宙学，提出了热大爆炸宇宙学模型。在阿尔菲 1948 年提交的博士论文中，伽莫夫说服了汉斯·贝特把他的名字署在了论文上，又把自己的名字署在最后，这样，三个人名字的谐音恰好组成前三个希腊字母 α、β、γ。于是这份标志宇宙大爆炸模型的论文以阿尔弗、贝特、伽莫夫三人的名义，在 1948 年 4 月 1 日愚人节那天发表，称为 αβγ 理论。

热大爆炸宇宙学模型指出宇宙起源于原始的热核爆炸，化学元素依次产生于大爆炸后的中子俘获过程。热大爆炸宇宙学模型认为，宇宙最初开始于高温高密的原始物质，温度超过几十亿度。随着宇宙膨胀，温度逐渐下降，形成了现在的星系等天体。他们还预言了宇宙微波背景辐射的存在。1964 年美国无线电工程师阿诺·彭齐亚斯和罗伯特·威尔逊偶然中发现了宇宙微波背景辐射，证实了他们的预言。

1954 年，伽莫夫担任加州大学伯克利分校教授，1956 年改任科罗多大学教授，并将研究中心转向分子生物学。在这期间，伽莫夫提出了 DNA 分子的"遗传密码"，这个概念的提出对此后遗传理论的迅速发展起了很大促进作用。

加州大学伯克利分校一景

伽莫夫还是一位优秀的科普作家，被科普界奉为一代宗师。在他一生正式出版的 25 部著作中，有 18 部是科普作品。他的许多科普作品风靡全球，其中最具代表性的是《物理世界奇遇记》。《物理世界奇遇记》一书的中文版于 1978 年第一次出版，当时的译本印刷了两次，总发行量达 60 万册，其受读者欢迎程度由此可见一斑。20 世纪后，这本书几乎每年再版一次。同时，这本书还在 1999—2000 年度获"牛顿杯"十大科普好书，并获 2001 年中国优秀科普作品奖一等奖。

在这部作品中，伽莫夫成功地塑造了只懂数字不懂科学的银行职员汤普金斯先生这个人物形象，通过他梦游物理幻境的奇妙经历，以诙谐、幽默、生动的语言将物理学的重要概念介绍给读者，获得了极大的

成功。由于他在普及科学知识方面所作出的杰出贡献，1956年，伽莫夫获得联合国教科文组织颁发的卡林伽科普奖。

伽莫夫的主要著作有：《物理世界奇遇记》、《从一到无穷大》（1947）、《震惊物理学的三十年：量子理论的故事》（1966）。

科 技 之 路

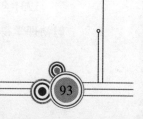

激光的发明

查尔斯·汤斯（Townes, CharlesHard, 1915— ）美国物理学家，激光发明者，诺贝尔奖得主，1964 年诺贝尔物理奖获得者。汤斯还是太空分子学的开创大师、美国中央情报局（CIA）间谍卫星的技术指导、美苏核武限制谈判的推动人、哈伯望远镜设计制造的关键人物。

1915 年 7 月 28 日，汤斯出生于美国南卡罗莱纳州的格林维尔，是一位律师的独生子。他从小就喜欢自然，以自然收藏家自居。当四周的同学在玩汽车模型、小机械玩偶时，他在观察天空的星星、树叶、昆虫、野鸟、石头。汤斯的父母是虔诚的基督徒，经常带他接近大自然，给他培养对大自然的兴趣外，也让他体会到"上帝无所不在，而且在我的身边"。

查尔斯·汤斯

1931 年，15 岁的汤斯高中毕业进入格林维尔的弗尔曼大学，他不但物理学得很好，还对语言科学有特殊的兴趣。1935 年，19 岁的汤斯

以优异的成绩获得了弗尔曼大学物理和语言学两科的学位。他在很多方

弗尔曼大学一景

面都得到了发展，曾是博物馆的讲解员和校刊记者，参加游泳队、足球队。1937年，汤斯在杜克大学获物理学硕士学位。

1937年，汤斯在加州理工学院读一年级研究生时，因受爱因斯坦理论的激励而攻读理论物理学。但是，由于视力不好，医生告诉汤斯："你只有改读实验物理学，同实验仪器打交道，而不是去读只用眼睛关注各种公式的理论物理学，这样才能挽救你的视力。"于是，汤斯不得已才放弃了理论物理，改为从事实验物理学研究。

1939年，汤斯以优异的成绩获得加州理工学院物理学博士学位，研究的题目是有关同位素分离和核自旋的问题。

汤斯取得博士后，写信到几所大学申请教职，但都石沉大海，正当他一筹莫展时，忽然有一天，贝尔电话实验室通知他去工作，他开始并

科技之路

不想去，但在他的指导教授劝说下最后还是去了。一年以后，贝尔公司的主管找他去研究微波导弹器。两年后，汤斯制造出一台微波侦测器。

现代微波雷达车辆侦测器

1947 年，汤斯受哥伦比亚大学聘请担任教职，研究利用微波揭示分子结构。1951 年，他意识到，利用微波激发分子，并在一个特殊空腔内放大这一效应可能触发链式反应，导致特别纯的、密集辐射束的发射。3 年后雷达技术涉及到微波的发射和接收，而微波是指频谱介于红外和无线电波之间的电磁波。在哥伦比亚大学，汤斯以最全面的方式孜孜不倦地致力于这个课题。汤斯渴望有一种产生高强度微波的器件。通常的器件只能产生波长较长的无线电波，若打算用这种器件来产生微波，器件结构的尺寸就必需极小，以致于无实际实现的可能性。1951 年的一个早晨，汤斯坐在华盛顿市一个公园的长凳上等待饭店开门，以便去进早餐。这时他突然想到，如果用分子，而不用电子线路，不是就可以得到波长足够小的无线电波吗？分子具有各种不同的振动形式，有些人发子的振动正好和微波波段范围的辐射相同。问题是如何将这些振动转变为辐射。就氨分子来说，在适当的条件下，它每秒振动24，000，000，000次，因此有可能发射波长为1.25厘米的微波。他设想通过热或电的方法，把能量泵入氨分子中，使它们处于"激发"状态。然后，再设想使这些受激的分子处于具有和氨分子的固有频率相同的微波束中——这个微波束的能量可以是很微弱的。一个单独的氨分子就会受到到这一微波束的作用，以同样波长的数波形式放出它的能量，这一能量双继而作用于另一个氨分子，使它也放出能量。这个很微弱的入射微波束相当于起立脚点对一场雪崩的促发作用，最后就会产生一个很强的微波束。最初用来激发分子的能量就全部转变为一种特殊的辐射。汤斯在公园的长凳上思考了所有这一切，并把一些要点纪录在一只用过的信封的反面。（科学史上又一件带浪漫色彩的事实！）1953年12月，汤斯和他的学生终于制成了按上述原理工作的的一个装置，产生了所需要的微波束。这个过程被称为"受激辐射微波放大"。按其英文的首字母缩写为M. A. S. E. R，并由之造出了单"maser"（脉泽）（这样的单词称为首字母缩写词，在技术语中越来越普遍使用）。这一成果使整个科学界产生了革命性的变化。

1960年，他继续以更高的能量激发电子，所放出的波长更短，甚至已到红外线与紫外线光区了，这称为雷射（激光）。

今天雷射的使用非常广泛，在医学手术上、高能侦讯、精密焊接，甚至连超市使用商品条码的读码器，也使用雷射，这都是汤斯的贡献。因对量子电子学的研究和发明微波激射器，汤斯荣获1964年诺贝尔物理学奖。

1967年，汤斯转至加州大学伯克利分校任教，并利用微波探测宇宙的物质，在该校开创了射电和红外天文学计划，结果在恒星际空间发

现复杂的分子（氨和水）。这是近代研究宇宙学的重要技术。1969年，汤斯在研究教学之余，兼任美国太空总署的外太空探测工作。

1986年，汤斯从加州大学伯克利退休，以荣誉教授身份继续用哈伯望远镜探索宇宙，对他而言，宇宙是充满无限赞叹的美丽诗篇。

现在，汤斯已经90多岁了，但他仍在从事研究工作。汤斯近年把研究重点放在天文学问题上，他采用激光将由望远镜收集到的若干图像结合在一起，有效地产生大虚拟透镜。无论汤斯在天文学领域是否会获得惊人的成果，其早期科研阶段，能够不断受到科学大师的指导，应该说是他一生不间断地从事科学研究的主要动力之一。

科技之路

时代天骄

缔造英特尔

　　戈登·摩尔（Gordon Moure，1929—　　），英特尔公司创始人之一，名誉主席，公司的"心脏"，领导公司成为世界头号 CPU 市场霸主。最大的成就就是发现了 IT 业第一定律——摩尔定律。

　　1929 年 1 月 3 日，戈登·摩尔出生在美国加州旧金山以南 50 英里的一个邻海小镇佩斯卡迪诺，家庭环境并没有给他的成长带来多少熏陶。戈登·摩尔的父亲 17 岁时因祖父早逝而退学养家，担任该县司法长官的帮办。母亲仅中学毕业。因此，家庭环境并没有给摩尔的成长带来多少好处。

CPU

　　戈登·摩尔在十一二岁时，忽然对化学产生了兴趣，立志要当名化学家。这项爱好成全了他日后的远大梦想——成为一名科学家。

　　在学校，摩尔的聪颖很快显露出来。但他并不是书呆子，比起做作业，他更愿意在运动上多花时间，他自述道："这种情形一直持续到高中，所以对我的今天，很多同学多少还有点奇怪，那时我并不是班里最好的学生。"

中学毕业后，摩尔如愿以偿地考入计算机重镇——伯克利加州大学，学习他向往以久的化学专业。1950 年，摩尔获学士学位，后继续在加州工学院深造，1954 年获物理化学博士学位。作为家中的第一个大学生，这无疑是摩尔家族始料不及的荣誉。

摩尔想在家乡附近的西海岸，过平静的学院研究生活。他进了约翰·霍普金斯大学应用物

戈登·摩尔

理实验室，过了两年平静的学院研究生活。摩尔准备放弃不着边际的基础研究，这从此彻底改变了他的人生。他走访了几个地方，包括科弗莫尔实验室。十分凑巧的是，晶体管发明人肖克利正在招兵买马，他获准查阅利弗莫尔实验室申请职位人的档案。在那里，肖克利发现了摩尔。他想在加州建一个半导体公司，正需一个化学家。对摩尔来说，肖

肖克利

克利之名更是如雷贯耳。

1956 年，摩尔加入肖克利设在望山的实验室。与另外七位优秀人才组成了前所未有的天才大集合。但肖克利虽是伟大的科学家，却是最不称职的老板。家长制的作风以及散漫的管理使八位年轻人难以忍受。不久就背叛而去，时称"叛逆八人帮"。摩尔自然是帮中一员，从此踏上了创业之路。

1957 年 9 月，"八叛逆"手拿《华尔街日报》，按纽约股票栏目挨家挨户寻找合作伙伴，他们决定在三十五家公司中寻找。但这些公司理都不理就拒绝了，倒是仙童公司正对技术产生兴趣，将八个人一锅端了，创办了极具神话色彩的仙童半导体公司，诺伊斯担任总经理。

摩尔开始是技术部经理，后执掌研发部，从事的是肖克利实验室搞过的 2N692 双扩散晶体管项目。摩尔和赫尔尼负责扩散工艺。仙童提供150 万美元的资金，生产硅晶体管。公司设立两个小组，探索最佳结构，最后摩尔领导的小组因生产率高而获胜。摩尔直接向诺伊斯报告工作，进一步促成了未来共同创业的志向。

摩尔的长相和个性与诺伊斯完全不同。诺伊斯身高 1.77 米，头发乌黑，而摩尔身高超过 1.8 米，头顶光秃。在每次晚会上，诺伊斯都是热情奔放，全身心投入，饮酒、唱歌、耍弄花招，施展谋略，而且从不认输，敢于迎接任何挑战。而摩尔总是同几个最亲近的朋友围坐桌旁，轻声细语地闲聊。摩尔的性情相当沉着、平静。他有两大爱好：一是在岸边执杆垂钓；一是在湖上滑船游憩。

但在科研工作上，摩尔各方面都同诺伊斯一样，是个伟大的工程师。在解决技术问题方面，他是个奇才，手中握有诀窍。如果你遇到一个难题，他看来可能有五六种解决方案，大多数工程师会浪费大量时间去一一探索，然后逐个淘汰那些不可行的办法，但摩尔决不会这么做，他所选定的那一种探究问题的途径，往往是效果最佳的。至于为什么会

时代天骄

这样，还是个谜，他自己也说不清。在为他人答疑解惑方面，摩尔颇有传奇色彩。很多人都发现，听他一席话，胜读十年书，摩尔15分钟的启示，比他们几个月独自无援的苦战更有效果。摩尔还擅长倾听别人的意见，并作出判断。1968年，有记者问摩尔，为什么他会和诺伊斯创建一个新公司，摩尔的回答是，他俩想再体验一下在迅速发展的小公司中奋斗的刺激性。

1968年8月，诺伊斯辞职。一个月后，负责研发的技术天才摩尔也追随而去。共同创办了英特尔。起初，摩尔担任执行副总裁。1975年成为公司总裁兼CEO。1979年，更成为公司主席兼CEO。其中CEO的头衔保持到1987年，主席一职保留到1997年。

1965年，有一天摩尔离开硅晶体车间后坐了下来，拿了一把尺子和一张纸，画了个草图，纵轴代表芯片的增长情况，横轴为时间，结果是很有规律的几何增长。这一规律对计算机行业极为重要，于是他把这一发现发表在当年第35期《电子》杂志上，虽然只有3页篇幅，但这却是他一生中最为重要的文章。这篇不经意之作也是迄今为止半导体历史上最具意义的论文。

"当时我在写一篇集成电路的文章，要旨是使集成电路技术电子产品更为便宜。我发现并在文章中描绘了它增长方面的复杂性：一个芯片的容量会逐年递增。从60个元件扩展到64000个，每年翻番，而价格上则是相应的逐年递减，当时买一个元件的价格十年后可买一个集成芯片，这是一个长期推断。它的事实曲线比我想象的更好。"

摩尔指出，工艺技术的进步使计算机性能保持几何级数增长。这种增长非常有规律。由于其可预见性和重要性就被正式定义为摩尔定律：微处理器芯片的电路密度，以及它潜在的计算能力，每隔一年翻番。

为了使这个描述更精确，1975年，摩尔做了一些修正，将翻番的时间从一年调整为两年。实际上，后来更准确的时间是两者的平均：18

代天骄

个月。该预言因为后来集成电路的发展而得以证明，并长期保持了他的有效性，被誉为"摩尔定律"，成为新兴电子电脑产生的"第一定律"。"摩尔定律"不是一条简明的自然科学定律，而是一条融自然科学、高技术、经济学、社会学等等学科为一体的多学科、开放性的规律。尤其是"摩尔定律"的经济学效益，使其成了英特尔公司的发展指针。微处理器成了摩尔定律的最佳体现，也带着摩尔本人的名望和财富每隔18 个月翻一番。

摩尔定律神奇地应验了 30 多年，连摩尔自己也惊讶不已。"生产成本持续下降，但创新步伐不断向前。摩尔定律不仅仅是定义了行业与市场的关系，而且突破了技术创新与市场开拓的紧密联系。非同一般的前进步伐创造了一个独特的商业环境，这可描述成有控制的疯狂。如果你没有创新，没有降低价格或者什么都没做，那么你的对手现在或将来肯定要把你赶出竞争行列。"

如今人们最关心就是摩尔定律何时终止。摩尔本人认为它还会延续今后几代产品。未来 10 年内，翻一番的速度会明显下降。"我没有去估算具体的速率，但可能会慢一半左右。翻一番的时间将会是 3 年而不是 18 个月。"至于媒体上沸沸扬扬的 DNA 芯片和有机半导体技术，摩尔则表示怀疑："我是一位化学家，我不相信这种技术。我不认为现在的技术会被淘汰。但是我也有可能错了，可能过于局限于我们自己的技术。"

当然，人无完人，摩尔是位杰出的实验室研究人员，一位无与伦比的幻想家，但他绝不是一位企业中"挥斧头"的人。而格罗夫正好是这种人。"像我这样的'偶然企业家'，是要等到被推进或者跌到机会里，才会焕发出'企业精神'。"他和诺伊斯一起呼吸着自主经营的新鲜空气，忽然焕发出前所未有的活力。"我们创建英特尔的打算是努力制成更复杂的集成电路，我们把半导体存储器看成一次为所有数字设备

时代天骄

提供产品的机遇。"

1969 年，英特尔推出自己的第一批产品——双极处理 64 位存储器芯片。为了防止其他公司侵入，公司将扩大规模定为第一目标。但到了 20 世纪 80 年代中期，日本厂商还是将英特尔逼入困境，不过此时，英特尔已握有更强大的利器：微处理器。微处理器成了摩尔定律的最佳体现，也带着摩尔本人的名望和财富每隔十八个月翻一番。

1989 年，摩尔从主席职位上光荣退休。1990 年，他从当时的总统布什手中接过了美国技术奖。而今，他仍坚持在半导体行业的第一线。

布　什

如今的戈登·摩尔可以从容地享受荣誉和财富。作为英特尔公司的创始人之一，他的地位已无人可居其右。比他更出色、更高的另一位创始人，鲍伯·诺伊斯死于 1990 年，如今安静地在公司大厅内 1.5 米高的黑白照片里微笑。格罗夫登上了《时代》风云人物，但论成就和财富，也只能望其项背。

摩尔作为公司的名誉主席，仍然每周工作 3 天，他的影响力仍弥漫在这家利润最高的公司之中。当然，摩尔也有足够的时间和心情，扛一根钓竿，到硅谷港区钓鱼，享受宁静的晚年时光。摩尔拥有公司 9000 万股股票，价值 100 亿美元左右，虽难以与盖茨争锋，却一举击败了前几年最为风光的拉里·艾里森，成为加利福尼亚的首富。在这财富肉博的世界里，

时代天骄

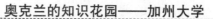

摩尔大概是最安详和实在的富翁了。但是人们提起他，不是因为他的财富和职位，而是因为 34 年前提出的"摩尔定理"。它像一股不可抗拒的自然力量，统治了硅谷乃至全球计算机业整整 30 多年。

摩尔是一个害羞的、有条理的人，他有讲究的外表，好像一生都在使分子运动。摩尔甘于默默无闻，但他是英特尔的"心脏"。在硅谷历史上，摩尔不是个抛头露面的人物，在他事业的生涯中，经常被他的同伴遮去光辉。但在硅谷，尤其是在英特尔，摩尔是最令人敬佩的公司创

比尔·盖茨

时代天骄

始人之一，是最受人尊敬的科学家，他比其他人更能体现英特尔的模式：才华横溢，说话温柔，自我超越。

电脑奇才——苹果神话

斯蒂夫·盖瑞沃兹尼亚克（Stephen Gony Wozniak，1950.8.11—　），简称沃兹，苹果电脑的创始人，WOZ公司创始人、董事长兼CEO，个人电脑先驱和硅谷先驱，被誉为是使电脑从"昔日王谢堂前燕"到"飞入寻常百姓家"的工程师。

沃兹于1950年8月11日出生在美国加州硅谷圣荷西市，父亲是一名工程师，日职洛克希德公司导弹部门。沃兹自幼聪颖过人，从小就对电子学表现出非常大的兴趣。

沃兹尼亚克

沃兹中学时代比较孤独，没有什么玩伴。沃兹的电子学老师约翰·麦卡勒姆可说是慧眼识英才，他感到沃兹应该有"发泄能量"的地方，学校的课程不够他"消化"。麦卡勒姆老师想到了电子计算机。在硅谷，各类电子公司比比皆是。麦卡勒姆老师找到附近的西尔瓦尼亚电子公司，与他们达成一项协议——让沃兹每周到那里去操作几次计算机。就这样，沃兹"因祸得福"，从此与电子计算机结下了不解之缘。

在西尔瓦尼亚公司，沃兹大开眼界，他第一次看到一台真正的电子计算机。这是一台型号为"pdp—8"的小型机，不仅能用于计算，还能用于绘制各种图形，打印各种表格。沃兹一下子就被迷住了，只恨自己来得太晚。他将自己的全部精力都投入进去，学会了编写各类程序，也对计算机的硬件结构作了深入研究。

年仅 12 岁时，沃兹就向世人显示了他在电子学方面的天才——他用从仙童公司搞到的几个晶体管自制的一个加减器，在加州举办的科技博览会上一举获得电子类最高奖，博览会组办者根本无法相信这一成果竟出自一个十几岁的孩子之手！

最能淋漓尽致地表现沃兹创造力的，却是他导演的一出出恶作剧。为使恶作剧不出问题，有时他甚至会花上几个小时去构思。上中学时，电影里流行定时炸弹，他就作了一个会滴答作响的电子节拍器放在一个同学的课桌里，想让同学以为里面有一枚炸弹。上课前，校长路过视察，没想先听到了滴答声，于是校长不得不壮起胆子抓起这个东西，飞身冲出教室，结果当然是虚

科罗拉多大学一景

惊一场！中学毕业后，沃兹以优异的成绩考入科罗拉多大学。

沃兹的父亲是位工程师，耳濡目染，使他 11 岁就有了无线电证书，并接受了黑客戒律的教导：业余无线电工程师要帮助人类，在灾难时提供援助。当然他也窃听那些秘密的广播内容。

沃兹在加利福尼亚大学伯克利分校读书时，为了好玩，他与另外一位同学发明了一套可以打长途电话的设备。他们根据电话线路的工作原理，建造了一个"蓝盒子"设备来发出这些脉冲，把蓝盒子联到电话机上，他们就可以向伙伴们任意打长途电话。

在大学里，沃兹爱"玩"的"恶习"还是不改。看到宿舍里的公用电视旁边拥挤的人群，沃兹灵机一动，于是制作了一台电视信号干扰器，在大家看电视的时候就启动干扰器让电视收不到正常信号，并捉弄他的同学。

当然，沃兹更喜欢挖空心思设计各种瓶型计算机。从中学到大学，他就在纸上设计过将近 50 种计算机。他为此四处搜集资料，索要元件样品，到了痴迷的地步。

1971 年夏天，他找到中学时代的老朋友费尔南德兹，准备利用暑假进行电子计算机的研究和制作。他们设法搞到了硅谷工厂生产的因外形缺陷而处理的廉价零件，动手干了起来。费尔南德兹的起居室成了实验室。沃兹利用现有的零件进行设计。不到一星期，就拿出了"神秘"的图纸。起居室的地毯上堆满了各种元器件，看来没有哪张桌子摆得下。干脆就在地毯上焊接安装。夏日的夜晚，炎热难熬，再加上电烙铁的烘烤，他们浑身都被汗水浸透了。为此他们准备了大量的奶油苏打水，一面焊接，一面喝。经过十几天夜以继日的奋斗，计算机终于试制出来了，并取名叫"奶油苏打水计算机"。但这台计算机太"弱不禁风"了，刚一通上电便冒出了烟，险些酿成大祸。

后来，沃兹参加了自制计算机俱乐部，开始了与外界的接触，这给了他一种天外有天的感觉，在那里他听到和看到了许多他从不知道的东西：altair 计算机、8008 和 8080 芯片……用他自己的话说："自制计算机俱乐部改变了我的生活！"这期间沃兹通过费尔南德兹的介绍，结识了他一生中最重要的朋友——斯蒂夫·乔布斯，一个沉默寡言、留长发的男孩。他和斯蒂夫有许多共同之处，都是从小就对电子学感兴趣、都爱玩恶作剧……，他俩一见如故，并从此成为莫逆之交。

乔布斯

1972 年沃兹从伯克利加州大学工程专业毕业，在 HP 公司找了一份设计计算器芯片的差事，乔布斯去阿塔里游戏制作公司工作。受游乐场一个游戏的启发，沃兹设计了一种相当精彩的电脑游戏，阿塔里公司看上了这个游戏，想聘用他，但他并没有去。虽然没加盟该公司，但他花在阿塔里的时间比他在 HP 的时间还要多一些，这一方面是在那儿可以满足他的玩心，可以免费玩游戏，更主要的原因是乔布斯在那儿，这样他随时可以向他请教一些技术性的问题。为了证明两人合作处理问题的能力，两人曾在仅仅 4 天的时间里完成了一个有相当难度的游戏。

沃兹发现包括 altair 在内的许多计算机都与他的"奶油苏打水"相差无几，于是他暗下决心，把"奶油苏打水"改造一番，好与其他人比试比试。他和乔布斯通过参加俱乐部活动，查阅计算机杂志研究了各

时
代
天
骄

种 CPU 芯片。当时 mos 技术公司在一个展销会上以仅仅 20 美元的价格出售 6502 芯片，沃兹和乔布斯去买了一块，两人回来后对其进行了一番研究，沃兹成功地将 basic 语言移植到了 6502 芯片上，这项研究奠定了他本人在个人计算机方面所不可取代的地位。

1975 年 3 月，老友鲍姆通知沃兹"有一群做电视和影像终端机设备的人将举行聚会"，实际上就是后来名留历史的硅谷"自制电脑俱乐部"首次聚会。沃兹从聚会上取得一份仿英特尔 8008 微处理器的技术规格文件，赫然发现竟与五年前自己设计的奶油苏打电脑相去不远，他内心里的自制电脑梦再次被激发。更早之前，沃兹曾设计出一款可以连上阿帕网络（现今因特网的前身）打字并即时回传字符显示到屏幕上的终端机，在那个电脑仍满布灯泡和开关的时代，沃兹打算结合电脑、屏幕和键盘做出前无古人的创举。

1976 年，21 岁的乔布斯和 26 岁的沃兹在乔布斯家的车库里成立了苹果电脑公司，他们的第一个产品是一种没有键盘、机箱、声音和图像

苹果第一代电脑

的计算机电路版，他们称之为苹果Ⅰ，这个面貌丑陋的怪物就是今天风靡全球的个人电脑的始祖。沃兹任苹果电脑公司研发副总裁，一直到1985年。

苹果一号完成后，沃兹就开始着手苹果二号的设计，他和乔布斯第一次发生争执，力争应该赋予苹果二号更强的扩充能力，保留较多的插槽，两人关系每下愈况，最后苹果二号不仅具有处理色彩及音效的能力，可搭配游戏控制杆，是第一部内建 BASIC 语言的电脑，而且还有 8个插槽。1976 年 8 月，苹果二号的电路板已经完成，沃兹用 BASIC 语言成功的在电脑上执行打砖块游戏，为了能够搭配塑胶外壳，乔布斯也找来雅达利的同事罗 o 贺特（Rod Hlot）设计交换式电源供应器，改良传统线性电源供应器的高热缺点，降低噪音。1976 年夏天，两人开始寻找资金来源，到处碰壁后，他们和创投散户麦克·马库拉搭上线。马库拉最后投资现金 9 万 1 千美元以及个人担保信贷 25 万美元，在 1977 年1 月 3 日使苹果电脑正式成为法人组织，马库拉是为总裁，并且聘请美国国家半导体公司的主管麦克·史考特担任苹果电脑的首任执行长，沃兹则被要求辞去惠普的工作，与乔布斯成为苹果公司的全职员工。苹果二号也在 1 月旧金山举行的西岸电脑展中正式亮相，几个月内就卖出300 台，从此销量一路长红。

1978 年到 1979 年间，苹果二号的销售量呈现大幅度的成长，从每个月一千部上升到一万部，这期间沃兹则在苹果电脑内部担任产品研发的工作。1980 年，苹果电脑的股份价值水涨船高，沃兹有感于公司同仁付出良多，遂发起一项"沃兹计划"，他将名下将近三分之一的八万股份，以每股 5 美元的低价贱卖给公司员工，并且送给早期创业元老每位价值百万美元的股票，乔布斯对此有些不以为然。

苹果神话有两种版本：一种是以沃兹为中心（技术为主），一种是以乔布斯为中心（市场为主）。如今全世界都知道苹果的代表产品是

时代天骄

Mac，Mac 是乔布斯的产品，沃兹并没有参与。但业内人士则会认为苹果Ⅱ型才是苹果的经典。而苹果Ⅱ型则是世界上第一台也是最后一台完全由一个人设计的商品化计算机。沃兹既是编程人员，又是电器工程师，他控制并决定了硬软件的每一项性能和功能。

沃兹设计的苹果Ⅱ型微机有几个要求。第一，它必须是一台一般家庭可用的机器，不需要懂电脑硬件的人自己装配。第二，它必须有较低的成本，这样一般家庭用户也买得起。第三，它的功能必须能够扩展，允许用户或者是其他厂家加上其他的辅助电路，比如内存扩展卡、打印机卡等等。沃兹设计了一种标准的叫作"总线"的电路，并把它向厂家和用户公开，这样其他厂家可以很方便地为苹果机设计和生产辅助电路。沃兹尽量换一个角度看问题，从来不会不加思考地使用现成的方法。结果是，苹果Ⅱ型在技术上非常优越。

苹果Ⅱ型创造微机历史上许多第一：第一次将 Basic 固化在 ROM 上；第一次有塑料外壳；第一次自带电源装置而无须风扇；第一次装有英特尔动态 RAM；第一次在主板上带有 48K 容量；第一次可玩彩色游戏；第一次内置扬声器接口；第一次装上游戏控制键；第一次具有高分辨率图形功能；第一次实现 CPU 和主板共享 RAM……

苹果公司就是靠苹果Ⅱ型的热销而迅速起

苹果二代平板电脑

时代天骄

飞。三年时间内，苹果Ⅱ型的销售额就已达到1.39亿美元，使公司可以每年700％的速度猛增。显然，乔布斯依赖沃兹的天才，而沃兹则需要乔布斯的指导，两人密不可分，是同一个神话的两面。

沃兹孤僻和倔强的个性，使他能设计出与当时主流计算机完全不同的产品。但随着公司的壮大，这种天性就不再适宜。沃兹对经营毫无兴趣，更对组织一批人进行团队开发意兴索然。他是一名习惯单枪匹马的武林高手，注定与时势的发展分道扬镳。

于是，苹果Ⅱ型也成了他设计的最后一台计算机。其后推出的苹果Ⅱ型＋及苹果Ⅲ型以及Lisa均难以重现苹果Ⅱ型的辉煌。1985年2月份，沃兹的私人飞机失事，脑震荡造成他暂时记忆丢失。他无法回忆起事故的情形，也无法记起过去去过的地方，甚至记不起如何玩游戏。于是他离开苹果，进行康复休养。后来又暂时回到公司，后来又离去。

尽管他已有钱有名气，但他还是决定永远离开公司，回到伯克利，修完他的工程师本科学位。但免不了时时技痒。1986年，他成立CLP公司，想推出一种用于控制多种电器的通用遥控器——Core。

沃兹亲自为Core设计和编程。到最后阶段，他一个人专程飞到夏威夷，租下一间旅馆的房间，面对窗外整整思考了4周。他在等待当年那种才思喷涌的孤独感的降临。但这种情景却没能出现。他失望而归，雇了几名工程师，让他们做完余下的工作。沃兹不得不承认，他已永远不再属于这个如火如荼的计算机行业了！

自从20年前离开苹果公司以来，沃兹创办了若干家公司，可惜没有一家公司取得很大成功或者获得丰厚的盈利。在计算机界和新闻界中，人们常常拿他的公司开一些玩笑，不过他无怨无悔。

他为一些他信任的非赢利机构提供过经费，比如电子领域基金会（EFE）；他的Web站点成了他的朋友的托管站点；他向学校捐款捐过计算机；他捐赠过大量的经费，圣何塞市为了表彰他做出的贡献，用他

时代天骄

115

的名字命名了一条街道——经过圣何塞儿童发明博物馆（沃兹提供资金建造）的这条大街。

圣何塞尔儿童发明博物馆

在庆祝苹果公司成立20周年之际，阿梅里奥把乔布斯和沃兹尼亚克请到了庆祝会场的讲台上。这是个戏剧性的时刻，对于观众中的和许多苹果计算机迷来说，这也是个非常激动人心的时刻。

不过，人们不难发现两位创始人的巨大区别。如今，乔布斯已经成了一个亿万富翁，他衣冠楚楚，风度翩翩，与20多年前想要创办苹果公司的那个穿着破牛仔服不修

幅的大学生相比，简直是判若两人。而沃兹站在乔布斯旁边，显得滞而手足无措。他身穿一件绒线衫，看上去局促不安。人们很容易发现，这位20多年前的计算机怪才外表还是一副以前的老样子，根本不像个腰缠万贯的富翁。

与乔布斯的口若悬河不同，沃兹来到台上，只不过向大家鞠个躬，趁公司的20

苹果台式电脑

时代天骄

周年纪念日说一两句祝贺的话。他没有与苹果公司达成亿万美元的协议，也没有给人一种精心修饰的形象。他看上去一副小家子气，毫无风度。但是许多人始终认为沃兹是个举足轻重的人物，是他使世界变得丰富多彩，而那个乔布斯只不过是个摆地摊的小商贩而已。

"我之所以敬佩沃兹，"米奇·卡普尔说，"是因为他找到了自己的位置，他愉快地从事着一些非常有意义的工作，快乐地与孩子们生活在一起。对于其他人会怎么想，或者他在人们心目中是个什么形象，他根本不在意。在人说，'像你这样的一位天才怎么会把生命浪费在教师这样的工作上呢？'这样的话却给了他更大的力量。"

沃兹显然是在做他喜欢做的事情。个人计算机革命从身穿白大褂的计算机卫道士手中夺走了计算机的力量，并且将它交到普通人的手里，在这场斗争中，沃兹战斗在最前列。

2001 年，美国"洛杉矶时报"评选出了"20 世纪经济领域 50 名最有影响力人物"，美国苹果电脑公司创办人、苹果电脑公司现任董事长兼临时 CEO 史蒂夫·乔布斯与另一名苹果电脑公司创办人沃兹尼亚克并列第 5 名，他们的贡献主要表现为"创办苹果电脑，苹果 I 和苹果 II 的出现带动了全球个人电脑普及应用浪潮，并迫使 IBM 的 PC 机于 1981 年面世"。

进入 2002 年，却突然传出一则让人意想不到的新闻。

苹果笔记本

沃兹宣布成立新公司宙斯之轮（Wheels of Zeus），专门研发无线电子产品，以协助人们追踪任何事物。宙斯之轮公司英文名简称"WOZ"，也

是沃兹尼亚克的昵称。该公司发表文告说，公司将制造"无线产品，以协助一般人记录日常事物"。

沃兹尼亚克说："最近全球定位软体系统（GPS）以及天线技术方面有很大进步，加上处理功能和双向网路成本日益降低，才使得市面上有可能推出新的产品与服务。"

新公司获得硅谷具有影响力创投公司如麦朴思创业资本、德丰捷及巴罗艾托投资者等的支持，总投资额为600万美元。麦朴思创业资本总经理兼宙斯之轮经理加拉诺斯说："我们6个月内将不透露产品的策略与方向。这次是宣布集资。"

市场人士认为，宙斯之轮公司未来势将与微软、美国在线、摩托罗拉、诺基亚等知名公司竞争。这些公司已争先恐后推出新一代轻型省电无线产品，让手机可同传呼机、互联网伺服器以及全球定位软体系统等设施连接使用。

时
代
天
骄

计算机先驱奖

肯尼思·汤普森（Kenneth Lane Thompson，1943.2.4—　），C 和 UNIX 的发明者之一，美国科学院和美国工程院两院院士，与丹尼斯·里奇同为 1983 年图灵奖得主。

汤普森于 1943 年 2 月 4 日出生在美国路易斯安那州的新奥尔良，其父是美国海军战斗机的驾驶员。汤普森自幼有两个爱好，一个是下

新奥尔良一景

棋，一个是组装晶体管收音机。他父亲为了发展孩子的智力和能力，在晶体管问世不久，在其价格不菲（每只晶体管约售 10 美元）的情况下，很舍得为汤普森买晶体管让他摆弄。由于爱好无线电，汤普森上加州大学伯克利分校时学的专业就是电气工程，并于 1965 年取得了学士学位，第二年又取得了硕士学位。求学期间，汤普森还参加了通用动力学公司在伯克利分校实行的半工半读计划，因此既增长了知识，又积累了不少实践经验。

汤普森

毕业以后，汤普森加盟贝尔实验室。虽然他学的是电子学，主要是硬件课程，但由于他半工半读时在一个计算中心当过程序员，对软件也相当熟悉，而且对计算机更加偏爱，因此很快就和里奇一起被贝尔实验室派到 MIT 去参加由 AR-PA 出巨资支持的 MAC 项目，开发第二代分时系统 MULTICS。但就在项目完成前不久，贝尔实验室因感到开发费用太大，而成功的希望则不大而退出了该项目，把所有成员都调回贝尔实验室。这使汤普森和里奇深感沮丧。返回贝尔实验室以后，面对实验室中仍以批处理方式工作的落后的计算机环境，他们决心以他们在 MAC 项目中已学到的多用户、多任务技术来改造这种环境，以提高程序员的效率和设备的效率，便于人—机交互和程序员之间的交互，用他们后来描写自己当时的心情和想法的话来说，就是"要创造一个舒适、愉快的工作环境"。但他们意识到，贝尔实验室领导人既然下决心退出 MAC，就不可能支持他们的想法，不可能为之立项，提供资金和设备，他们只能悄悄干，自己去创造条件。1969 年，万般无奈的汤普森在库房中偶然发现一台已弃置不用的 PDP—7，大喜过望，立即开始用它来实施他们的设想。但开头是十分困难的，因为这台 PDP—7 除了有一个硬盘、一个图形显示终端和一台电传打字机这些硬设备外，什么软件也没有。他们只能在一台 GE645 大型机上编程、调试，调通以后穿孔在纸带上，再输入 PDP—7。以这种"可怕的"工作方式开发两年以后，连这台 PDP—7 也损坏得不能再用了。这时，他们听到一个消息，实验室的专利部需要一个字处理系统以便处理专利申请书（贝尔实验室每年要提出不少专利申请），汤普森立即找到上级自告奋勇承担这一开发任务，在这个冠冕堂皇的借口下，他们申请到了一台新的、设备完善的 PDP—11，这才使开发工作顺利地真正开展起来。汤普森以极大的热情和极高的效率投入工作。开发基本上以每个月就完成一个模块（内核，文件系统，内存管理，I/O……）的速度向前推进，到 1971 年底，UNIX 基本成形。UNIX 这个名称是从 MULTICS 演变而来的：他们变 MULTI 为 UNI，变 CS 为 Z。为了向上级"交差"，UNIX 首先交给实验室的专利

晶体管

部使用，3 个打字员利用 UNIX 输入贝尔实验室当年的专利申请表，交口称赞系统好用，大大提高了工作效率，这样，UNIX 迅速从专利部推广到贝尔实验室的其他部门，又从贝尔实验室内部推向社会。贝尔实验室的领导人终于认识到了 UNIX 的巨大价值，把它注册成为商标（但有趣的是，由于法律上的原因，注册商标及版权被贝尔实验室的上属公司 AT&T 取得），推向市场。贝尔实验室的一个行政长官甚至宣称，在贝尔实验室的无数发明中，UNIX 是继晶体管之后的最重要的一项发明。著名的国际咨询公司 IDC 的高级分析员 Huie Brace Kin 估计，1985 年，仅是美国就有 27 万 7 千个计算机系统使用 UNIX，1990 年这个数字增长至 210 万。目前世界上 UNIX 的安装数量超过 500 万套，用户数达到 3000 万。

UNIX 之所以获得如此巨大的成功，主要是它采用了一系列先进的技术和措施，解决了一系列软件工程的问题，使系统具有功能简单实用，操作使用方便，结构灵活多样的特点。它是有史以来使用最广的操作系统之一，也是关键应用中的首选操作系统。UNIX 成为后来的操作系统的楷模，也是大学操作系统课程的"示范标本"。归纳起来，UNIX 的主要特性如下：

1. 作为多用户多任务操作系统，每个用户都可同时运行多个进程。

2. 提供了丰富的经过精心编选的系统调用。整个系统的实现紧凑、简洁、优美。

3. 提供功能强大的可编程外壳（Shell）语言作为用户界面，具有简洁高效的特点。

4. 采用树形文件结构，具有良好的安全性、保密性和可维护性。

5. 提供多种通信机制，如管道通信、软中断通信、消息通信、共享存储器通信和信号灯通信。

6. 采用进程对换内存管理机制和请求调页内存管理方式实现虚存，

时代天骄

大大提高了内存使用效率。

7. 系统主要用 C 语言编写，不但易读、易懂、易修改，更极大提高了可移植性。

由于以上特点，也由于看好 UNIX 的应用和前景，各大公司纷纷推出自己的 UNIX 版本，如 IBM 公司的 AIX，Sun 公司的 Solaris，HP 公司的 HP—UX，SCO 的 UnixWare 和 OpenServer，DEC 公司（已被 Compaq 收购）的 digital UNIX，以及加州大学伯克利分校的 BSDUNIX。这些 UNIX 各具特色，形成百花齐放的局面。到 20 世纪 90 年代，UNIX 版本多达 100 余个。UNIX 的标准化工作则经历了一个复杂的过程。最早是 UNIX 用户协会从 20 世纪 80 年代开始此项工作，1984 年颁布了试用标准。后来此工作被 IEEE 接收和继承，制定了多个基于 UNIX 的"易移植操作系统环境"标准，即 POSIX。而计算机厂家在 UNIX 标准上则分裂为两大阵营，即以 AT&T 和 Sun 公司为首的 UNIX 国际（U1）和以 IBM、HP、DEC 等公司为首的开放系统基金会。分裂和竞争一方面促进了 UNIX 技术的迅猛发展，另外一方面则引起用户的困惑，不利于 UNIX 市场的健康发展。因此，1993 年 3 月，两大阵营终于走到一起，成立了"公共开发软件环境"组织（COSE），以实现 UNIX 系统的统一化。1993 年 10 月，Novell 公司将从 AT&T 购得的 UNIX 商标权无偿移交给开放系统标准化组织 X/OPEN，这样，UNIX 商标不再受某一厂商控制，而由中性的国际组织管理。1995 年，之于 UNIX 的两个重要标准 CDE（规定 UNIX 的图形界面）和 UNIX95（规定 UNIX 的应用程序界面，也叫 Spec. 1170）正式颁布，为 UNIX 的标准化打下了基础。1998 年，IBM、Intel 和 SCO 公司三家世界巨头在加利福尼亚的蒙特雷（Monterey）聚会，进一步商讨了 UNIX 统一问题，制定了蒙特雷计划。这个计划结合了 IBM 公司的 AIX、NUMA—O 和 SCO 的 UnixWare 技术，建立一条企业级商用 UNIX 产品线，使之能同时运行在 Intel IA—32、

时代天骄

IA—64 和 IBM PoweWC 处理器之上，平台适用范围将覆盖从部门级服务器到大型数据库中心的超级服务器。目前，AIX 和 UnixWare 已经相互融合并达到了二进制级的互操作性。

应该指出，目前操作系统平台形成了 UNIX、WindowsNT 和 LINUX 三强鼎立的局面，而由芬兰大学生 Linus Torvalds 推出的 LINUX 本身实际上也是 UNIX 的一个变种。由于功能强劲，用途多样，使用方便，因此有人把 UNIX 称作软件中的"瑞士军刀"。

时

代

天

骄

芬兰大学

汤普森本人围绕 UNIX 的开发工作于 1978 年结束。之后他从事过的项目有 Plan 9，这是另一个操作系统，旨在提高分布式计算的性能。Plan 9 用单一协议查询不同的资源、过程、程序和数据，并与之进行通信，为访问分布于由服务器、终端和其他设备组成的网络上的计算资源提供一个统一的方式，尤其适合于那些要求安全运行的 Web 服务器。Plan 9 的设计思路是惊人的，它小而功能强大，而且非常灵活，是

UNIX 和 LINUX 的竞争产品。早在 20 世纪 80 年代后期，Plan 9 就已设计成型，目前的 Plan 9 第三版是 1995 年推出的。但 Plan 9 至今只限于贝尔实验室内部使用，没有推广和流行。2000 年 6 月，贝尔实验室采取措施，免费开放 Plan 9 源代码，以便让实验室以外的人使用 Plan 9。但贝尔实验室的这一举措并未像当年推出 UNIX 一样，在软件界引起一次新的震荡。此外，由于汤普森自幼爱好下棋，他还建造过一台名为 Belie 的下棋计算机，与康顿合作，在 PDP—11/23 和 PDP—11/70 上编制了下棋程序，这个程序从 1979 年到 1983 年在连续几届计算机下棋世界比赛中都独占鳌头，成为"四连冠"，同时也成为被美国围棋联盟 USCF 授予"大师"称号的第一个下棋程序。这个程序每秒可观察 15 万个棋步，与现今的 IBM 公司的"深蓝"当然无法相比，但在当时却是一个了不起的成就。

近年来，汤普森为朗讯开发了一种名为 Path Star Access 的服务器，这种服务器可提供 Pocket Voice 和 Internet 数据服务。汤普森近期的研究兴趣还包括上网计算机的安全问题。

汤普森和里奇一起，除了获得计算机先驱奖以外，还获得 1983 年的 ACM 图灵奖和 1983 年首届软件系统奖，IEEE 的 Piore 奖，哈明奖章；日本的 C&C 奖。1998 年两人同获美国全国技术奖章。1999 年汤普森获得 Tsutomu Kanai 奖，这是为分布式计算机系统所设置的一个奖项。除此以外，汤普森和里奇还从两个著名的杂志那里获得奖励和荣誉，一是《电子学》周刊，它从 1974 年起设立"成就奖"，奖励在电子线路、工艺、仪器设备等方面有重大发明创造的科学家，曾经获得该项奖励的人中包括著名的提出"莫尔定理"的 Intel 公司总裁莫尔（首届计算机先驱奖获得者），MOS 工艺的发明者里趣曼，发明软盘的舒格特，等等。但由于 UNIX 和 C 的巨大成功和影响，使 1982 年的这个奖破例授予了软件开发者汤普森和里奇。二是读者面很广的 Datamation 月刊，它于1987年创刊30周年时建立了一个"计算机名人堂",首批30位名人中包括图灵、冯·诺依曼及19位计算机先驱奖得主,如克努特、巴克斯、麦卡锡、艾肯、阿姆达尔、贝尔、克雷等等。第二年首次增补名人,就选中了汤普森和里奇。

冯·诺依曼　　　　　　　　　　　阿尔达姆

石油大亨

保罗·盖蒂（Paul Gettey, 1982—1976）石油怪杰，20 世纪 60 年代世界首富。盖蒂的父亲乔治·盖蒂曾是美国明尼苏达州一位非常成功的律师。在 1903 年，盖蒂 11 岁的时候，他的父亲乔治因为一位诉讼委托人的法律问题，到了今俄克拉荷马州包特维尔市。由于这里发现了油矿，外来人口大量涌入，在这里丹采石油与淘金一样，是非常赚钱的买卖，如能买下一块地，只要打出一口产油井，一夜之间就可以成为巨富。于是，乔治以 500 美元在包特维尔西边的奥色治印第安人的领地买下了 1100 亩土地（称为"50 号地"），取得该土地的石油、天然气开采权，并组成了"明尼荷马石油公司"。与他合伙的有好几

保罗·盖蒂

个人，乔治是主要的股票持有人，并任公司的总经理。

在 1904 年第一口油井投产后，乔治·盖蒂决定把他的家从明尼阿波利斯搬到这个盛产石油的小镇，于是便将盖蒂和他母亲接到了包特维尔。

保罗·盖蒂当时虽然还是个孩子，但是他却能把每天看到的情形记

到日记里。"50 号地"正在开发明尼荷马石油公司的第二号井,其景象使保罗·盖蒂入迷。12 岁的保罗很快学会了油田上的用语,能够很权威地读写、谈论关于钻井设备以及以硝化甘油震测油井方面的事。1904年 3 月 2 日,钻井人员钻到了石油,这也是小保罗第一次亲身经历到那种兴奋。但他在日记中对此似乎比较冷静:"我们都去看第二号油井。那油是从地表面下 1426 英尺冒上来的。"

1909 年,不到 16 岁的盖蒂就要求在暑假期间到父亲的"50 号地"上去工作。乔治同意了,但要求盖蒂从最底层干起。

作为有钱人家的独子,盖蒂一直过着非常舒适的生活。但到钻井工地"打工"后,他很快就适应了这种急速的生活改变。他不但住工人房子,吃工人的饮食,而且像其他工人一样,只能凭自己的能力,接受

加州大学伯克利分校一景

自己分内的指令，做自己分内的工作，一天一班做 12 个小时挣 3 美元。不可以因为是老板的儿子而得到优惠待遇。

此后 3 年，盖蒂先后在洛杉矶的南加州大学和伯克利加州大学上学，暑假里便到父亲的"50 号地"去"打工"。这个"打工仔"掌握的钻井技术，绝不次于一名老练的钻井工人。

1912 年 4 月，盖蒂进入了向往已久的牛津大学。在牛津大学的导师制下，盖蒂受引导去学习如何运用他自己的头脑。在那里，他很快培养出自律之道。牛津的教科书和教师对于国际政治和经济能够提出最广泛的、也最有远见的观点。盖蒂对于这两个科目很快由爱好进一步变成入迷，使他吸收知识和资料的能力大为增高。

牛津大学

1913 年，盖蒂通过考试，获得了经济学和政治学方面大学的证书。他想成为一个"外交官"，但他的父亲极力劝他在石油界试试做一名独立的勘探者，如果一年之后这个试验不成功或者他感到不快乐，就去做

时代天骄

他想做的事情。他接受了父亲的建议，并且同意了他的条件。

1914 年，一战爆发，保罗从英国回到了家乡，他决定不依赖父亲，于是他凭着自己的直觉以及对地理地质的知识，凭自己的手段以令人惊讶的 500 美元低价在穆斯科几郡买下了一块地的石油开采权。于是，双手空空的保罗·盖蒂踏上了俄克拉荷马的塔尔萨，在那里，保罗神话拉开了序幕。

在油井打成、出油两周后，他把油田卖给了一家炼油公司，分得了 1.2 万美元。从此，盖蒂有了新的奋斗目标，他相信自己应该留在石油业中，继续凿井。盖蒂开始和父亲合伙，在父亲资助勘探和凿井工作，而盖蒂负责指挥和监督。获得的利润，他与父亲三七分成。1916 年，他和父亲合组了盖蒂石油公司，他拥有 30% 股份。

尽管保罗·盖蒂既没有资本，又没有地质学及石油采专业知识，仅凭借自己在父亲的石油事业中耳濡目染下了解的十分有限的感性认识，使得他在创业之初做得十分坚难。但是他信心十足，他的血液里充满了狂热，不断地买进卖出石油，不断地钻井。通常他自任地质专家、法律顾问，以及钻井监督、爆炸专家，甚至有时还兼任搬运工人。公司在迅速发展壮大，他是公司的负责人之一，又被选为公司的秘书长，但他继续将办公室设在沾满污泥的来往奔波于各个工地的汽车里，没有脱下工作服而换上白衬衫。

盖蒂的成功背后并没有秘密，也没有神秘的公式。他坚定地相信地质科学，吸收新的知识，并把所学的应用在工作上，并不断地在油田老工人中发掘所需的专家。随着盖蒂石油公司财富的增加，盖蒂在其中的 30% 股份也渐渐升值。在他还不满 24 岁时，已经是个成功的凿井人，而且赚进了第一个 100 万美元。

盖蒂在赚得百万美元后决定从此不再辛劳工作，他要一心玩乐，尽情享受人生。他的父母劝他应该把赚得的钱继续投资出去：商人的钱是

时代天骄

资本，应该投资再投资。但盖蒂根本听不进这种劝告。而此时，正是第一次世界大战时期，美国参战了，盖蒂申请接受飞行员训练，但由于兵役科的失误，他竟"不需服役"。结果，在大战期间，盖蒂的生活就在花天酒地中度过。

1919 年，美国的石油勘探者将注意力集中到南加州。大量生产石油的新地区，被人们一块块地发现并且发展起来，另一股新的石油狂热又在兴起之中。当盖蒂看到海滩地区、山地和田地之中新崛起的井架像森林般竖立起来的时候，过了一段身由散漫的日子之后的他对石油的狂热又爆发起来，不甘寂寞的他决定复出，东山再起。一方面他参与了父亲的明尼荷马石油公司的合作，另一方面用自己的资金开办了独立的企业。

南加州风光

1921 年末，盖蒂家以 693 美元在圣菲斯普林斯附近买下了一块山地，这是个具有决定性意义的举措。到 1923 年，这块地年产油量达到了 7000 万桶以上，盖蒂的财富净值已经增加到差不多 300 万美元，几乎全投资到石油生产企业；他父亲的财富有 1500 万美元上下，也都投

时代天骄

资在勘探和生产石油方面。

1930 年夏天，盖蒂年近 7 旬的父亲因心脏病去世。盖蒂在事业上没有其他的选择余地，他像父亲生前所希望的那样，把家族事业的重担担在了肩上。1929 年，股票市场崩溃，当别人都把股票卖出时，他却购进加州七大石油公司之一的潮水公司的股权。到了 1937 年底，盖蒂拥有潮水公司的股票已足够影响公司的决策。3 年后，他的股份超过总数的 1/4，他所提议的许多改进方案渐渐地付诸实施了。到了 1951 年，他持有的股份已足够取得控制权。两年后，所有的董事中，只有一个不是由盖蒂企业提名。盖蒂在潮水公司的股份总值超过了 8 亿美元。在第二次世界大战期间，美国用掉很多石油，而战后全球各地的石油消耗量，更是急剧上升。当时已经快 60 岁的盖蒂凭自己的直觉猜到中东是最有前途的石油勘测区。于是决定进军中东！

那里，所有国家的各大石油公司，都想尽一切办法要获得中东的石油开

英国石油公司开采石油

采权，而这些石油开采权，大部分都是由巨大的公司机构如英国石油公司、美孚石油公司、荷兰皇家壳牌石油公司等获得，它们的财源都比盖蒂机构大许多倍。到 1948 年，石油开采权之争已经尘埃落定。但 1949

年 2 月，盖蒂在位于沙特阿拉伯王国和科威特之间属于沙特阿拉伯那一半土地上空驾着飞机从空中观察地形地貌，意外地发现在这块不毛之地下面埋藏着石油。于是，经过谈判，盖蒂获得了 10 年租约的石油开采权。

通过几年的努力，他们终于在这块土地上开采出石油。结果被证实这是世界上藏油最富的油区之一。石油地质学家保守地估计，在他的租借地之下蕴藏的石油将超过 130 亿桶！

为此，盖蒂在各地建造和购买了炼油厂，从 1954 年起，盖蒂开始营建他的超级油船队。在洛山机、纽约，他以惊人的速度建起了价值超过 4000 万美元的新办公楼。

1957 年，耗资 2 亿的潮水石油公司炼油厂在威明顿落成。另一座靠近旧金山的潮水炼油厂，花费 6000 万美元更新了所有设备。在意大利还建起一座每天能炼 4 万桶原油的新厂，丹麦的另一座炼油厂每天能炼油 2 万桶。到 1974 年，盖蒂公司在中东地区生产的石油，每天达到 8.2 万桶。

1957 年 10 月的《富豪》杂志上，一篇报告按次序列出美国最有钱的 50 个人。盖蒂在当时名列榜首。

盖蒂企业，不仅在中东，而且在世界很多地方的陆地和海上都在稳定地扩张。经营的目标是：不断寻求新途径及新方法以增加产量，制定各种大规模的计划，生产新的产品，研究产品的新功用。但这并不是说勘探石油新矿的工作不重要了，事实上，这类工作仍在四大洲上如火如荼地展开。

尽管盖蒂已经很富有，但他在年逾 80 岁时，仍然要工作到手上问题解决了之后才停止。如此一来，他常常会连续工作 24 个小时。

一家美国金融杂志评论：盖蒂在商界活跃了 60 多年，他"仍然专注于他的事业……他的手永远不会远离操纵杆"。

时代天骄

133

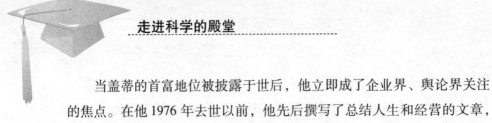
　　当盖蒂的首富地位被披露于世后，他立即成了企业界、舆论界关注的焦点。在他 1976 年去世以前，他先后撰写了总结人生和经营的文章，并让各种媒介进行了频繁的采访。他的文章和访谈，以自己几十年纵横石油等领域的经历，展开了对经营工作和生意人为人处世的广泛阐述，为"闯天下的年轻人"和"未来的百万富翁"谈论了许多经营中的根本性问题，广博而精辟，同时对生意上的一些细小问题也有耳提面命的教诲，显示出了一个获得超常成功的企业家风范。

时代天骄

华 人 风 采

小小先生

　　李政道（1926.11.25—　　），物理学家，1957 年诺贝尔物理学奖获得者。

　　1926 年 11 月 25 日，李政道出生于中国上海市的一个名门望族家庭，父亲李骏康毕业于南京金陵大学农化系，母亲张明璋毕业于上海启明女子中学，在那时可算是一个典型的知识分子家庭。

南京金陵大学

華人風采

李政道的父母对子女的教育是十分尽心和严格的。为了使子女在数学、语文和英文方面有坚实的基础，还专门请了家庭教师，李政道的智力得到了很好的开发。在家里，李政道的童年是在温暖的家庭中度过的，父母亲的苦心培育和良好的环境，使李政道的聪明才智得以开掘。他自幼对数学和物理有独特的爱好。4岁时就开始学认字，并学习心算加减法，算起来特别快，每当他完成一道算题，幼小的心里别提有多高兴。

李政道

"七·七"芦沟桥事变后不久，日本侵略军便占领了上海。上海滩到处是连天的烽火、尸体遍地。传播知识的学校被当作伤兵的急救所，昔日繁华的南京路到处是军车的嚎叫声，国难当头，战争的硝烟冲破了他的幻想。在一片炮声火海中，李政道只好告别了养育他的黄浦江，随着逃亡的人群含泪离开了上海。为了躲避日本侵略者的迫害和继续求学，李政道兄弟几人先后辗转到江西。在江西，虽说生活苦些，但毕竟没有隆隆的炮声。有这样一个安静的学习环境，李政道也就踏下心来如饥似渴地学习各种知识。

到江西以后，他们兄弟与家人常有书信来往。但局势恶化，信件无法往来，双方都没有了音信。母亲思儿心切，不顾风险孤身一人千里迢迢到江西去看孩子们。哪知刚出浙东就被抢劫一空。见子心切的母亲，

以顽强的毅力，长途跋涉，只身步行到江西。那时日本鬼子正在攻打独

黄浦江

山，战火纷飞，硝烟弥漫。孩子们见到风尘仆仆、面容憔悴的母亲，都一下扑到母亲身边，年幼的政道依偎在母亲的怀抱里。可母亲第一句话却问："你们在这里学得怎么样？我和你爸爸可是望子成龙啊！"

很久以来，李政道对母亲望子成龙的心情是有很深的感触的。他常想，作为母亲就是应该望子成龙，让孩子知道母亲相信孩子会有所作为。孩子需要这种支持，因为他们尚缺乏这种自信心，他们希望听到人们的掌声。尤其是希望听到母亲的掌声，因为母亲的呼唤将鞭策他们前进。正因为如此，李政道既能经常触及到科学文明的火花，又常体验到国家落后、受人欺侮的滋味。由于家庭环境的熏陶以及他自己的志趣，李政道从小就有一种求学的渴望，并以成为科学家为自己追求的目标。他常用斑斓的光环，来编织着自己理想的未来。

由于李政道的成绩突出，令老师、同学甚至他的哥哥都刮目相看。学校办学条件很差，师资奇缺，战争连年不断，学校经常聘不到老师。在李政道读高三时，有一天，学校训导主任叫人把他请去。他二哥以为三弟出了什么祸，怕他这可爱的三弟会受什么委屈，赶紧跟上前去，在窗外看着。

训导主任面对这位小同学，指着一旁的数学老师很和气的说："不少老师都说你学得不错，特别是数学、物理更突出，天赋很高。校方考虑再三，想让你来为低年级同学上这两门课，不知道你是否愿意？"

"我来当'小先生'！"李政道顿时一下子惊呆了。

坐在一旁的数学老师开口说："小同学，能当好老师是件不容易的事，对你是大有好处的，也可解校方燃眉之急。"

李政道无言以对，使劲地点点头，算是答应了这件事。

站在窗外的二哥顿时双眉舒展，不停地向弟弟装鬼脸。他为有这么出色的弟弟而自豪。

就这样，李政道走上了讲台，给低年级的同学上数学和物理这两门课。他不仅要学好自己的功课，还要用很多时间来备课。他备课特别认真细致，常从自己初学时的体会入手，对一个概念，一道习题，反复多次，从不同角度来讲述。由于他的讲课浅显易懂，竟收到很好的效果。这些低年级的学生看到这位比自己大不了多少的"小先生"，上课是那样侃侃而谈，神怡自得，均赞叹不已。

不久，二哥崇道考上了广西大学，此时大哥也回到上海读书了。李政道仍一人留在江西坚持他的学业和当他的"小先生"的差使。有时他也去广西找二哥。他喜欢读书，嗜书如命的习惯依然如故，每次途中总会把行李丢几件，可只有身边的一箱书没丢过。有一次他下了火车就发出了求救电话："二哥快来，我要饿死了。"原来他又是什么都丢光了，腹内空空，寸步难行。当二哥赶到火车站时，看到他那可爱的三弟

正在候车室里专心地看书。

广西大学

浙江大学

华
人
风
采

少年时代的李政道，虽然在旧中国颇受颠沛流离之苦，但也培养了他的许多优秀品格，为他日后攀登科学高峰奠定了基础。

1943 年秋，17 岁的李政道考入浙江大学物理系。他是以同等学历的资格参加考试的，那时的浙大在贵州永丰。李政道小学、中学都没有毕业，大学也没有毕业，但是他得到的第一个"毕业证书"是芝加哥大学的博士证书。

浙江大学几经搬迁，办学条件很差，师生们过着非常艰苦的生活。学校在竺可桢校长的带领下仍不断地开展教学和学术活动。在这里李政道开始接触到了一些国际知名的物理学家，像 20 世纪 30 年代从德国留学归来的王淦昌和束星北等人。李政道就是在这里开始接触量子力学、狄拉克方程、光谱精细结构、中微子实验与理论等重要的物理前沿问题，为日后解决重大的物理学课题打好了基础。

华人风采

竺可桢

那时候教室和宿舍都很拥挤，想找一个可以读书的地方很困难，后来李政道发现附近的茶馆是个好去处，那里有坐位，有桌子，正好读书。李政道和同学课后便到茶馆里，花钱泡上一杯茶，一坐就是一天。但是茶馆里人来人往，喧哗吵闹，一刻也不得安宁。开始时李政道很不习惯，但也没有更好的去处，久而久之练出了一套闹中取静的功夫，可以专心读书，不受外界的干扰。一天下来，茶水变成了白水。后来，李政道常自称是"茶馆里的大学生。"

吴大猷

1944年，李政道因车祸受伤，停学，在1945年转入西南联大物理系，在吴大猷的指导下学习。

西南联大是抗日战争爆发后不久，由清华大学、北京大学和南开大学在昆明组成的一所联合大学，它聚集了当时我国一大批最优秀的学者和教授，当时教学设备很差，生活条件也不好，但教学质量却很不错。

在西南联大求学是李政道一生中最难忘的日子。在这期间对他影响最大、帮助最大、对他成长起最重要作用的是吴大猷教授。

那时吴大猷教授40多岁，是颇有名望的物理学家。他不仅在学术上造诣很高，还特别关心青年的成长。吴大猷在指导李政道学习的过程中，发现这个小伙子求知欲很强，思路敏捷，凭着吴先生多年教学的经验，知道他有很高的天赋，是一个很难得的人材。

1945年抗日战争胜利后的一天，校方通知吴大猷、华罗庚、曾

华罗庚

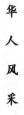

华人风采

召伦三位教授立即到重庆去，国民党的总参谋长陈诚要见他们。原来国民党政府要建立国防科研机构，请三位教授推荐5名在数学、物理、化学方面优秀的青年学生出国深造，作为后备人材，其中物理2名。吴大猷教授对自己的学生，特别是对优秀学生了如指掌：杨振宁已去美国留学，其他人如黄昆也去了美国，还有一个人在吴大猷先生的心中早就占有很重要的地位，他就是李政道。当时李政道大学尚未毕业，但是他学习刻苦，思维敏捷，有创新精神，给吴大猷教授留下了深刻的印象。李政道是最合适的人选。从吴大猷给他在芝加哥大学留学时的老师高德施密特教授推荐李政道的信中就可以看出吴大猷教授对李政道的期望："他（李政道）在中国只念了3年大学，但是他是一个十分聪慧的孩子，他思维敏捷而且具有创新精神，学习十分努力，我相信，如果给予适当的引导，他将会成为一个很好的物理学家。"

在吴大猷教授的推荐下，1946年秋，19岁的李政道从昆明辗转到上海，从黄浦江畔登上了"美格将军号"轮船赴美国深造。

芝加哥大学是唯一允许没有大学毕业资格的学生进行博士研究的大学，李政道就在芝加哥大学注册了。

1950年，李政道获美国芝加哥大学哲学博士学位；1950—1951年在加利福尼亚大学伯克利分校任教；1951—1953年，在普林斯顿高级研究院工作；1953—1960年，在哥伦比亚大学任教；1955年，提升为副教授；1960年，提升为教授；1960—1963年，在普林斯顿高级研究院任理论物理学教授。

1957年，李政道与杨振宁发现了著名的宇称不守恒理论。这两位中国人做出了划时代的贡献，震动了物理学界，以致于物理学家称1957年是中国物理年。

几十年来，诺贝尔奖的颁发，相当好地反映了20世纪以来科学发展的主流，使诺贝尔奖在人们心目中享有崇高的地位，每位科学家都把

华人风采

能获得诺贝尔奖当作是世界上最崇高的荣誉。但在 1957 年以前的 50 多年里，各奖项的获奖者中竟然没有一个是华裔，中国人仿佛与这项奖无

缘。这并不是中国人没有这个能力，而是由于中国在这半个多世纪里始终处于战火之中，民不聊生，国无宁日，根本没有搞科学研究的环境。李政道和杨振宁这两位炎黄子孙，持着当年留学的中国护照，第一次登上这神圣的奖坛，每一个中国人怎能不为此感到自豪与骄傲。

杨振宁

国际诺贝尔评奖委员会发来通知，由于李政道和杨振宁一起提出在弱相互作用下宇称不守恒的理论，从而使基本粒子研究获得重大发现而共同获得 1957 年诺贝尔物理学奖。李政道和杨振宁欣喜若狂，这次获奖的时间，距他们发表的《弱相互作用中宇称守恒的问题》这一划时代的论文不过是一年多一点的时间，而吴健雄的实验证实也不过是年初的事情。能在这么短的时间里就受到国际物理学界的公认，并获得诺贝尔奖，这在诺贝尔奖史上也是罕见的，几乎是第一例，这说明他们这一研究成果的意义是多么重要。而更值得一提的是，李政道此时才 31 岁，仅次于 1915 年获奖的 25 岁的劳伦斯·布拉格，算是第二年轻的诺贝尔奖获得者了。

1957 年 12 月 10 日，李政道和杨振宁及他们的夫人来到了瑞典首都斯德哥尔摩，接受 1957 年度诺贝尔物理学奖。音乐大厅里奏响着"斯

华人风采

德哥尔摩狂欢曲"，瑞典国王和皇后及政界要员、科学家和评奖委员们出席了大会。在这神圣的奖坛上，两位年轻的中国人神采奕奕，特别引

斯德哥尔摩一景

人注目。镁光灯不停地闪烁着，他们的脸上挂着胜利的微笑。按照惯例，主持人请他们上台演讲，杨振宁上台首先用汉语介绍了他们这项工作的过程；李政道接着登上讲台，他用汉语风趣地说："关于现代物理学基本观念的修正，是我和杨振宁博士在哥伦比亚大学附近的'中国餐馆'里用餐前经常讨论而终于获得的结果，今天终于能公诸于世并得到各位的承认。"他娓娓动听地谈了宇称守恒律被推翻以来的一些饶有兴趣而又激动人心的发展后，便离开了物理的内容，讲述了中国古老而又有趣的孙悟空的故事，他说："孙悟空觉得自己神通广大。结果它落在如来佛的手里，它看到五根棍子，但是怎么跳也跳不出去。这正好像我们做科学的人掌握在自然界手里一样，我们觉得自己对科学了解广而且

深，可相对来说，与科学的真理还相差很远。"这时，全场发出了一片

哥伦比亚大学

会心的笑声，人们赞赏这位华裔学者那种虚怀若谷、大智若愚的东方学者风度。从他们身上，世人看到了中国人的风采，看到了中国人的智慧和力量。

李政道的主要著作有：《介子与核子和光粒子的相互作用》、《重介子的质量简并》、《弱相互作用中宇称守恒的问题》、《宇称不守恒和中微子二分量理论》、《粒子物理学和场论导论》、《场论和粒子物理学》、《对称性、非对称性和粒子世界》、《李政道文录》。

汉语言学之父

赵元任（1892—1982），字宣仲，江苏武进入，1892 年 11 月 3 日生于天津。父亲中过举人，善吹笛。母亲冯莱荪善诗词及昆曲。

1900 年，赵元任回到老家常州青果巷，在家塾二中读书。早年所受民族文化熏陶，对他一生事业有着深刻的影响。

赵元任从小就显露出语言天才，各种方言一学就会。十四岁进常州溪山小学。1907 年入南京江南高等学堂预科，成绩优异，英语、德语都学得很好，深得美籍英语教师嘉化的喜爱。嘉化常邀赵元任去他家中作客。嘉化夫人善于弹钢琴和唱歌，赵元任跟嘉化夫人学唱过《可爱的家庭》和《离别歌》等歌曲，是为他接受西方音乐之始。

1910 年，赵元任考取了留学美国的官费生，入美国康奈尔大学，主修数学，选修物理、音

赵元任

乐，1914 年获理学士学位。在该校哲学院研究一年后，1915 年入哈佛大学主修哲学并继续选修音乐，在哈佛期间的音乐教授有希尔和斯帕尔丁。1918 年，赵元任获哈佛大学哲学博士学位，后又在芝加哥和加州大学作过一年研究生。

1919 年，赵元任任康奈尔大学物理讲师。1920 年回国任清华大学心理学及物理教授，同年冬曾为英国著名哲学家罗素来华讲学担任翻译。在清华期间，赵元任与杨步伟结婚。

1921 年，赵元任夫妇到了美

哈佛大学

清华大学

国，再入哈佛大学研习语音学，继而任哈佛大学哲学系讲师、中文系教授。1925 年 6 月，应聘到清华国学院任导师，指导范围为"现代方言学"、"中国音韵学"、"普通语言学"等。他与梁启超、王国维、陈寅恪一起被称为清华"四大导师"，是其中最年轻的一位。

1928 年，赵元任作为国学研究院语言研究所研究员，进行了大量的语言乡村调查和民间音乐采风工作。1929 年 6 月底，国学研究院结束后，被中央研究院聘为历史语言研究所研究员兼语言组主任，同时兼任清华中国文学系讲师，授"音韵学"等课程。

1938 至 1939 年，赵元任教学于夏威夷大学，在那里开设过中国音乐课程。1939 至 1941 年，赵元任任美国耶鲁大学访问教授。之后五年，又回哈佛任教并参加哈佛、燕京字典的编辑工作。其间加入了美国国籍。1943—1944 年，担任美国海外语言特训班中文主任。1945 年，赵元任当选为美国语言学会会长。1946 年国民党政府教育部长朱家骅拍电报请赵元任出任南京中央大学校长。赵元任回电："干不了。谢谢!"

耶鲁大学

从 1947 年到 1962 年退休为止，赵元任在加州大学伯克利分校教授中国语文和语言学，退休后仍担任加州大学离职教授。1945 年，赵元任当选为美国语言学学会主席。1952 年荣任阿加细（Aggasiz）基金会

东方语和语文学教授。1959 年曾到台湾大学讲学。1960 年又被选为美国东方学会主席。

1973 年，中美关系正常化刚起步，赵元任夫妇就偕外孙女昭波和女婿迈克回国探亲。1973 年 5 月 13 日晚至 14 日凌晨，受到周恩来总理的亲切接见，周总理还跟赵元任谈到文字改革和赵元任致力研究的《通字方案》。在座的还有郭沫若、刘西尧、吴有训、竺可桢、黎锦熙等。

1981 年，丧妻不久的赵元任应中国社会科学院语言研究所之邀，偕长女赵如兰、女婿卞学磺、四女赵小中再次回国探亲，受到全国政协主席邓小平的热情接见，并接受了北京大学授予的名誉教授称号。

1982 年 2 月 24 日，赵元任逝世于美国马萨诸塞州坎布里奇。加州大学为他设立了赵元任基金会，4 月 4 日隆重举行了赵元任逝世纪念会。

赵元任是杰出的语言大师，也是杰出的方言大师。他自 1927 年开始系统地调查研究汉语方言，以融会古今、贯通中西的广博学识，新颖精湛的学术思想，严谨科学的研究方法，开创了中国"五四"以后的现代汉语方言学研究领域的全新局面，并

郭沫若

取得了令人瞩目的巨大成就。堪称现代汉语方言学的开山祖和奠基人，被称为汉语言学之父。

赵元任出版的主要著作有：《国语新诗韵》、《现代吴语的研究》、

华人风采

《广西瑶歌记音》、《粤语入门》（英文版）、《中国社会与语言各方面》（英文版）、《中国话的文法》、《中国话的读物》、《语言问题》、《通字方案》，出版有《赵元任语言学论文选》等。

　　赵元任出版的歌集有：《新诗歌集》、（1928）、《儿童节歌曲集》（1934）、《晓庄歌曲》（1936）、《民众教育歌曲集》（1939）、《行知歌曲集》和《赵元任歌曲集》（1981）。1987 年在上海音乐学院院长贺绿汀提议并推动下，上海音乐出版社出版了五线谱版的《赵元任音乐作品全集》（由其长女、美国哈佛大学教授赵如兰编辑），收有歌曲 83 首、编配合唱歌曲 24 首、编配民歌 19 首、器乐小品六首，总计 32 首作品。

華
人
风
采

中国居里夫人

　　吴健雄（1912—1997），有"核物理女皇"、"中国居里夫人"和"物理科学的第一夫人"之称，曾在 β 衰变研究领域具有世界性的贡献，曾荣获美国最高荣誉——国家科学勋章。

　　吴健雄是 20 世纪最杰出的物理学家之一，在实验物理学研究上取得伟大的成就，对当代物理学的发展起了极其重要的推进作用。她在实验室中首次证明了李政道和杨振宁关于弱相互作用中宇称不守恒的理论推测，推翻了宇称守恒定律，曾获得除诺贝尔奖以外的几乎所有大奖。

　　吴健雄于 1912 年 5 月 31 日出生在上海市浏河镇的一个富裕之家，是吴家第二个出生的孩子。在吴健雄之上，有一个 1909 年出生的哥哥健英，后来还有 1920 年出生的弟弟健豪。吴健雄出生之时，她的祖父，在清末中过秀才的吴挹峰老先生还在世，吴老先生难免有些重男轻女的观念，因此，吴健雄虽是家中唯一的女儿，却没有受到恣意的骄宠。

　　吴健雄的父亲吴仲裔先生，是一个思想极端开明，有见解、有胆识的人物，他和吴健雄最为亲近，相当疼爱吴健雄，对吴健雄的一生也有着最

吴健雄

华人风采

深远的影响。

幼时的吴健雄长眉秀目，十分讨人喜欢，小名叫薇薇，从小就不太多言语，她小时也和许多小孩一样，是由诗文背诵、识方块字和算学方面起步学习，在这些学习中，吴健雄已显现出颇不寻常的智力。

吴健雄的小学教育是在浏河镇的明德学校。这所由她父亲创建的学校，给了她一些正规的知识教育，而她父亲创建学校的过程，在地方乡里上勇于任事、开风气观念之先的作为，不但使吴健雄引以为傲，也受到许多的启发。

1923 年，11 岁的吴健雄离开童年生长的浏河，到离家 50 里地的苏州，参加了苏州第二女子师范的入学会考，那年苏州女子师范招收了两班师范生和两班普通中学生，吴健雄在接近万人的考生中，以名列第九的成绩，成为入学 200 人中的一员。

胡 适

吴健雄在苏州女子师范，虽然在同学中年纪、个头很小，但是由于聪颖过人，很快就成为校中同学谈论和师长喜爱的学生。

1929 年，吴健雄以最佳成绩由苏州女师毕业，并且获得保送入南京的中央大学。吴健雄念的是师范，按规定要先教书服务一年，才能继续升学，但是由于当时师范服务的规定并没有那么严格，因此吴健雄在这一年当中，并没有去教书，反倒是进了

上海的中国公学，也因而成了胡适最得意的学生。

吴健雄预备在中央大学里研习科学，但是又觉得自己这方面学习得不足，因此心中很有些不安。她父亲知道女儿的想法，不但鼓励吴健雄要不畏艰难地勇往直前，还特别去买了三本数学书：一本三角，一本范氏代数，一本几何。吴健雄暑假里就在家里自修，弄懂了这些她在师范课程中学得不够的东西。这个经验不但使她往后养成了自修的习惯，也使她有了足够的信心，在1930年秋天正式进入南京中央大学的数学系。

初进中大之时，吴健雄念的是数学系，一年之后，她转到自己最有兴趣的物理方面。那时中大物理系有许多名师，像系主任方光圻研究光学，是一个个头高大的老师，他一向热心提携后进，对吴健雄这个成绩超群的女生，更是奖掖有加，另外有在欧洲跟随居里夫人做过研究的施士元，后来成为中国著名天文学家、并担任过南京紫金山天文台台长的张钰哲，以及教电磁学的倪尚达等，皆为一时之选。

吴健雄念的是物理，她在数学物理方面的才分，一直受到朋友的极高赞佩，但是她倒是从不觉得科学有什么特别了不起。她不但有好些学艺术的好朋友，自己对艺术文史也很感兴趣，和这些朋友谈起来，也颇有自己的一套看法。

1934年，吴健雄由中央大学毕业，她先到浙江大学去当了一年助教。浙江大学当时吸引了不少年轻一辈的

张钰哲

学者，在学术上发展得很快，当时正在中国的英国学者李约瑟，曾经誉之为"东方的剑桥"。后来在中国大陆发展核弹工作做出重大贡献，并有"中国氢弹之父"称号的物理学家王淦昌，1934年由欧洲回国，在山东大学短期任教后，便到了浙江大学。

山东大学

吴健雄在浙江大学的第一年来，到了快暑假时候，物理系的主任张绍忠到吴健雄办公室问她，要不要到中央研究院去工作，那时中研院理工实验馆位于沪西愚园路底，面临风景清幽的兆丰公园，物理化学两所，共占了一座建筑巍峨的四层大楼。一般要进物理所还要考进去，并不容易，吴健雄并不知道何人推荐她去，当然很高兴地同意了。

那时物理所主任是丁燮林，指导吴健雄的是一位女教授顾静薇。在吴健雄快去物理所时，顾静薇一次偶然遇到当时在化学所研究的程崇道，还问她认不认识吴健雄，程崇道回答，"是的，我认识她，她是我们同学中的健者，智慧高，能力强，做事认真，性情和善。"顾静薇心中也暗自庆幸，物理所物色到像吴健雄这样优秀的人才。

吴健雄到了物理研究所，便和由美国密西根大学获得博士回来的顾静薇一起工作。她们的实验室分成两间，大的是暗室，小的是讨论室，这两位有雄心的新女性，都想窥探原子内部的奥秘，她们计划在低温下测定某种气体的光谱，因此花了许多工夫进行仪器装置、气体的净化和高真空获得的工作，她们朝夕埋头于暗室中，几乎到了废寝忘食的地步。

那时候顾静薇大概还有教书工作，一周只会去1次，大多数时间都是吴健雄独自在那工作，很像是现在许多博士研究生或博士后研究者的情形。

那时候物理科研所在午餐过后，大家可以小憩片刻，有人伏案小睡，有人会到兆丰公园里晒晒太阳散散步，而吴健雄不但经常连吃饭也忘记，等大家来找她，才从暗室摸索出来，揉着眼睛，报大家以微笑，甚至星期天也是这样工作。

加州大学伯克利分校俯视景

1936年8月，24岁的吴健雄得到叔叔的资助，出国到美国密西根

大学去念书。但当她在加州大学伯克利分校探望她的女同学时，在中国学生会会长袁家骝的带领下，参观了建在一个小山丘起伏地形上的伯克利校区，参观了物理系，并被伯克利物理系无可抗拒的吸引力所吸引，这正是她梦寐以求的探索科学知识之地。因此，她改变了原本要去密西根大学的心意，在加州伯克利留了下来。

吴健雄在伯克利停留下来后，住进离学校不远的国际学舍里，除了科学，她也努力学英文和了解美国事务。但是有两件事，她却一直保有中国式的品味，其中之一是衣着，吴健雄的衣着总是中国式的高领旗袍，另外一样就是饮食。

吴健雄在伯克利物理系，由于才华出众，勤奋努力，加上外貌妩媚，气质高雅，个性又开朗率真，在物理系师生间成了一个明星人物，物理系的男同学都众星拱月般地仰慕她，其中有好几个人追求她，他们甚至将她的姓名"吴"发声作"呜"，半开玩笑地唱在一首情歌中。

快毕业时，吴健雄开始准备她的博士论文报告，指导吴健雄做实验的是塞格瑞，实验研究铀原子核分裂的产物。在这一系列的实验工作中，对吴健雄而言，可以说有两大重要意义。其一是这些实验虽有塞格瑞指导，但是大多数是吴健雄独立完成的，另外则是其中的一项成果，对于后来美国造原子弹的"曼哈顿计划"提供了关键的贡献。

吴健雄在原子核分裂和放射性同位素方面的杰出工作，当时已经使她成为奥本海默等许多大科学家口中的"权威专家"，经常被请去在讨论会上，讲这方面的一些专题。甚至后来有人请塞格瑞去讲核分裂时，塞格瑞都要向吴健雄借其演讲的资料。

还有一回塞格瑞拿了一个经过中子照射的东西给吴健雄看，问她："你看这是什么？"吴健雄就去量了一下，立即判定是铑（Rh），结果塞格瑞拿来的真是铑。塞格瑞在他 1989 年去世以前，曾经将一块东西交给一直留在伯克利的吴健雄的同学赫姆霍兹，这个东西就是那块铑。吴健雄专心致志于科学研究，但是她也并没有忘记自己出国的目的。中日战争爆发后，她曾经想过是不是要回到中国去，后来日本发动太平洋战争，航路邮件断绝，更使她望断乡关。也许是她的心根深于中国，有时在和外国好友谈话时，她会不自觉说起中国话来，而她浓重上海口音的英文，有时亦不易听懂，说话中也不时把"他"和"她"弄混了，不过她书写的英文，却是相当流畅典雅的。吴健雄最出名的一个故事，是有一次她演讲时太过投入，居然将物理公式像中国字一般，在黑板上由右向左写出来。毫无疑问，这时吴健雄已经是加州大学伯克利分校的一个传奇人物，当地的报纸都有专文报道，中国国内也有了她是"中国居里夫人"的说法。

1941 年，吴健雄开始在伯克利加州大学物理系做博士后研究。那年的 5 月初，她作了一次东岸之旅。

加州大学伯克利分校一景

华
人
风
采

在劳伦斯和好友玛桂特的安排之下，吴健雄坐火车由旧金山出发，横越美国大陆，穿过洛矶山脉大峡谷，到芝加哥、圣路易，5月间到达美国首都华盛顿。后来到了纽约、波士顿等好几个地方。一路上，吴健雄参观访问美国著名的大学，见识美国物理界的各方人物，这使得她的学养益丰，眼界大开。另外她还到美国许多著名的古迹，进一步认识美国的传统和历史。

1942年5月30日吴健雄和袁家骝在加州理工学院所在的洛杉矶帕沙迪纳结婚，这一天也正好是吴健雄阳历30岁生日的前一天。

吴健雄和袁家骝结婚后，在洛杉矶稍南一个叫拉姑纳海滩的海滨，度了一个礼拜的"蜜月"。度完蜜月，袁家骝就到东岸RCA公司从事国防研究工作，吴健雄也接受了东岸史密斯女子学院的聘请，教了一年书。1943年，吴健雄转到普林斯顿大学担任讲师，给一些参与国防计划的军官讲授物理学。从1944年3月开始，吴健雄进入哥伦比亚大学

普林斯顿大学一景

任资深科学家，并且获特殊的保密许可，以一个外国人的身份，参加当时美国最机密的、制造原子弹的"曼哈顿计划"。

吴健雄关于铀原子核分裂后产生的氙气对中子吸收横截面的资料，对于"曼哈顿计划"的顺利进展，有相当大的贡献。

1945年7月16日，在新墨西哥州的一个沙漠中，人类第一颗原子弹试爆成功。它惊人的威力，使人目盲的闪光和巨大的蘑菇状云层，象征一个新时代的降临。三个礼拜之后，投在日本广岛和长崎的两颗原子弹，终于促成了二次大战的结束。

原子弹是20世纪科学家协同努力的产物，它所展现的悲惨毁灭景象，不但使世人惊骇，许多参与计划的科学家，也有屠杀生灵的罪疚。但是，在美国发展原子弹之时，德国也在进行类似计划，这些科学家认为，如果不抢先完成，万一纳粹德国得到成功，恐怕是更大的一场浩劫。

有人以为，吴健雄对"曼哈顿计划"的贡献，对中国有着难以估量的重大贡献。因为，日本的提早投降，使得中国战场上少牺牲了不计其数的中国人。

吴健雄对于有人问起她做原子弹之事，心中是有着伤痛的。谈起原子弹的摧毁性，她也极其痛心。她会用近乎恳求的口吻回问："你认为人类真的会这样愚昧的自我毁灭吗？不，不会的。我对人类有信心。我相信有一天我们都会和平地共处。"

1956年，吴健雄通过实验，验证了宇称不守恒定律，从而使李政道与杨振宁获得了1957年的诺贝尔物理奖。

1958年，吴健雄获得美国国家科学院院士，她是得到此项殊荣的第七位女性。

1975年，吴健雄年当选为美国物理学会有史以来第一位女性会长，1994年被选为中国科学院首批外籍院士。

华人风采

首次行走太空的亚裔人

焦立中（1961—　），美国宇航局宇航员，太空飞行史上第一位进入太空行走的亚裔人。喜好驾驶他的 Grumman Tiger 小型飞机和滑雪，能说流利的中文和俄语。

焦立中

20 世纪 50 年代，焦立中的父亲赴美国求学，此后一家人定居美国。焦立中于 1960 年 8 月 28 日出生于美国威斯康星州的密尔沃基市，从记事的那刻起，他便从父母口中知道自己的故乡就在脚的下面。

1983 年，焦立中毕业于加州大学伯克利分校的化学工程专业，获得学士学位；1985 年和 1987 年在加州大学圣塔芭芭拉分校获得了硕士和博士学位。

1969 年 7 月 20 日，美国宇航员尼尔·阿姆斯特朗和埃德温·奥尔德林乘"阿波罗 11 号"宇宙飞船首次登月成功，掀起了全球航天热。

那时 8 岁的焦立中的理想就是做名像尼尔一样的宇航员。

加州大学圣塔芭芭拉分校一景

"那时，我看电视转播'阿波罗 11 号'登陆月球，就想长大也要做宇航员！"现在，每当焦立中面对 8 岁小朋友提到这个问题时，他总是回答："你要有梦想，要知道你想做什么，然后努力去做。"

其实，焦立中的太空路并不是一帆风顺的。

20 世纪 80 年代中期，在加州大学圣塔芭芭拉分校读书的焦立中首次向太空总署提出参加宇航员选拔申请，就遭到拒绝。理由是：先完成学业，有工作经验后，再来申请。

1987 年，焦立中获得博士学位后走进加州都柏林 Hexeel 公司。这期间，他参与了太空总署与该公司的合作项目，而且参加各种飞机驾驶训练，累计超过 2600 小时的飞行时数。

经过不懈地努力，焦立中最终获得回报。1990 年 1 月，他从 2500

华人风采

多名候选者中脱颖而出，进入美国航空航天局受训，并于次年7月通过严格甄选与考核，如愿以偿成为一名正式宇航员。3年后的1994年7月23日，焦立中乘坐"哥伦比亚号"航天飞机首次进入太空，成为美国太空总署第196位获得"太空出差"机会的宇航员。

美国"哥伦比亚"号航天飞机

华人风采

"我们在里面也听到倒计时，心里唯一的想法是赶快走，生怕出现什么差错，那就前功尽弃了。"

"哥伦比亚号"一下子腾空而起，此刻，"3倍的地心重力，好像很胖的人压在身上，呼吸很困难。"因为震动太大，起初只能坐在那儿，可以通过窗子向外看，……

初次体验失重和太空生活的经历令焦立中终生难忘。"那里同地球环境完全不同，没有重力，所有东西都可以四处漂浮。只要轻点一下脚尖，就可以不费吹灰之力地'飞'到想去的地方。"

在太空，焦立中经历过不少毕生难忘的险情。他清楚地记得升空后的第二天，实验仪器出现故障。"我当时眼中有泪，但没哭出声来。"那台仪器是多位工程师多年完成的，实验设备占了整个实验室的1/6空间，光仪器至少值5000万美元。他跟地面控制中心联络，要维修机器。地面控制中心的答案是不能这样做。但焦立中态度坚决：如果不让他修理，就不回地面。权衡之下，控制中心终于同意。

失重状态下的维修困难重重。如果把机器零件拆开来，那它们会一件件飞走，唯一的办法是钻到仪器里面去修。足足两天半时间，同事们只看到焦立中露在仪器外面倒悬着的两条腿。修好机器后，他逐一打开了开关，庞然大物终于恢复正常。

焦立中在修好机器后，忍不住大喊一声："修好了！"他同伴打趣说："你的叫声不必用无线电，地球也听得到。"

在15天的飞行中，7名宇航员完成了超过80项的科学试验，这些科学试验主要聚焦于在微重力状态下材料和生命科学研究。这次飞行绕地球轨道飞行236圈，飞行距离达到610万英里，飞行时间353小时55分钟。焦立中也因此次飞行成为第311位登上太空的人类。

1996年1月11日至20日，焦立中搭乘"努力"号航天飞机为期9天的太空飞行。其间完成了两次太空行走，目的是检修国际空间站上的工具和硬件，评估空间站的技术设备。这次焦立中成为了第一名进入太空行走的亚裔人。

2000年10月11至24日乘"发现"号航天飞机第三次太空飞行。这次为期13天的飞行，7位工作人员运用机器臂完成一些设备的安装并进行太空行走。用13个小时

"发现"号航天飞机

华人风采

架设国际空间站。国际空间站工作的开展为将来新的装配任务打下基础，也为空间站的第一位居民宇航员作准备。焦立中是这次舱外活动的指挥者。

　　四年后，焦立中搭乘俄国"联合号"宇宙飞船从哈萨克贝康诺太空中心升空，进驻他参与建造的国际太空站担任站长，成为有史以来第一位华裔太空站站长。

国际太空站

　　焦立中对拍摄太空照片有着浓厚的兴趣。他把在太空用肉眼看长城当作一项任务，而且希望找到"证据"。"我无法判断我是否看到，因为在太空看长城跟公路难以区分。"何况还有天气云层的影响。

　　"我拍过长城！不过，我按下快门的时候并不知道自己拍到了长城，只知道长城大概就在那个疗向和范围。"

　　他将捕捉到的图片在返回地面后交给了美国宇航局专家，后证实照片拍摄的就是长城。中国科学院遥感应用研究所魏成阶研究员经过鉴定

华

人

风

采

发现，那几张全是八达岭的照片，但一般人只能辨认出道路，无法区分道路和长城，甚至会把山脊和山谷看反。

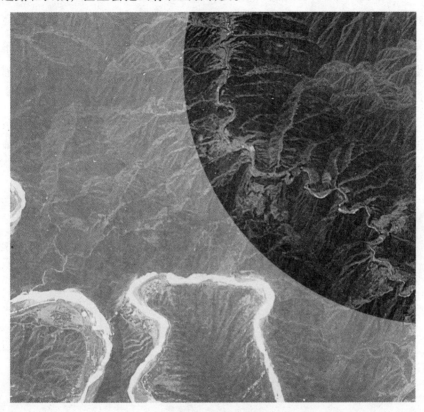

太空中用肉眼看到的长城

焦立中透露，在太空看到长城的几率非常低。"太空站每90分钟绕地球一圈，但每次所经过的方位不同，还有太空站跟长城的角度必须非常适合肉眼观察、光线的照射角度必须完美，通常是清早或傍晚比较适合。此外，观察者还要清楚特定范围内公路、铁路与长城之间的地理关系。"

谈到太空中的一些奇特现象以及传说中的外星人，焦立中相当的理性。"太空确实有不少奇特现象，但我不觉得那是什么外星人。"对于

华人风采

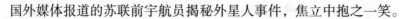

国外媒体报道的苏联前宇航员揭秘外星人事件，焦立中抱之一笑。

在焦立中第 4 次太空行中，他确实遇到过一些奇特现象。"当太阳升起的时候，我朝与太阳相反的方向看过去，发现有 5 个亮光，那些亮光似乎是在快速地飞行，并且形成梯子队形。"回到地球后，当他把拍摄到的照片交由宇航局专家研究后发现，那只不过是南美洲海岸一队捕捉乌贼的渔船。

在太空上看到的地球，"像一个五颜六色的玻璃球"，给焦立中留下"太脆弱"的感慨。"我们常开玩笑说，如果谁想发动战争，就让他们来太空看看，我们是生活在同一个地球上的。"

焦立中曾经在 1994、1996、2000 年 3 次获得美国宇航局的飞行勋章，四次获得 NASA 的个人成就奖等各种不同的奖项。

焦立中是第一个在太空行走的华裔宇航员，作为国际空间站首位华裔站长，他已 6 次进入太空，也是在太空停留时间最久的宇航员之一。

人风采

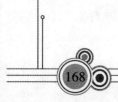

中国革命先驱

翦伯赞（1898—1968）是一位坚定信仰共产主义的无产阶级革命战士，著名的马克思主义史学家，中国马克思主义历史学的主要奠基人之一，杰出的教育家。

新中国成立前，他不但研究历史，并且长期以自己的行动在波澜壮阔的现代历史中留下了革命的足迹；"文革"中，他又以令人肃然起敬的高风亮节抵制了林彪、江青反革命集团对刘少奇的陷害，为了坚持实事求是的原则而愤然离世。

1898 年，翦伯赞出生于湖南省桃源县翦家岗一个清贫的家庭，维吾尔族人。在中学教书的父亲给了他最初的启蒙教育。

翦伯赞

翦伯赞从小就聪慧伶俐，读书也很用功，从常德中学毕业后考入了武昌商业高等专门学校读书。

华人风采

1919 年，在翦伯赞毕业前夕，我国正值"五四运动"时期，运动的热潮飞快地波及到全国各地，翦伯赞积极参加游行、张贴标语、发表演说等活动，全力投入到这场运动中。但他却因此而无法找到工作，空有报国之志，却无用武之地，翦伯赞愤然离开了武昌，回到母校常德中学，做了一名英文教员。

1924 年 7 月，翦伯赞只身赴美国继续深造，进入加利福尼亚大学

加利福尼亚大学一景

研究经济。在此期间，翦伯赞读了许多资产阶级的古典经济学著作。如英国亚当·斯密的《国富论》、大卫·李嘉图的《政治经济学及赋税原理》等，翦伯赞认为这些理论有其正确的一面，也有许多错误。在课堂上，学校里有的教授经常攻击马克思主义，为了不盲从于老师，翦伯赞开始仔细阅读马克思、恩格斯的著作，从此他开始接触马克思主义，培

养起一种朴素的马克思主义思想。他读了《反杜林论》、《家庭、私有制和国家的起源》、《共产党宣言》后，感到十分振奋，他在日记中写道："这是黑暗世界中的一个窗户，从这里，我看见了光明，看见了真理，看见了人类的希望。"

马克思　　　　　　　　　　　　　　　恩格斯

　　1926 年初，满怀激情的翦伯赞回到了祖国。同年 7 月，从广东出师北伐的国民革命军进军到长沙，翦伯赞来到长沙，找到同乡也是中学时代的同学董维键。董维键时任湖南省政府教育厅厅长兼外交特派员，翦伯赞要他介绍自己加入中国共产党。董维键对翦伯赞说："你要加入共产党非常好，可是加入共产党需要考验，我至今还不是党员。你可以分两步走，为了工作需要，先加入中国国民党。"之后，董维键写信将翦伯赞介绍到驻武汉的国民革命军总政治部主任邓演达处。很快，翦伯赞以国民革命军总政治部特派员的身份受命北上到了太原和归绥（今呼和浩特），争取北方军阀阎锡山和商震响应北伐。

华人风采

1927年2月下旬，翦伯赞到达太原。阎锡山见到翦伯赞十分热情，表示要相机"易帜"，响应北伐，并派来一个姓何的秘书天天陪着翦伯赞聊天，此后阎锡山便没有任何动静。于是翦伯赞又来到归绥。他在归绥进行了许多公开的政治活动，发表演讲，宣传北伐战争，抨击军阀，还宣传共产党的理论政策。许多人都以为他是一名共产党员。这时，蒋介石在上海发动了"四·一二反革命政变"，接着广州又发生了"四·一五广州大屠杀"。大革命失败了，全国笼罩在白色恐怖之中，绥远督统商震接到阎锡山的通缉令，要立即逮捕翦伯赞。商震由于与阎锡山有矛盾，于是将阎锡山的电报拿给翦伯赞看，劝他暂时离开归绥，翦伯赞随即亡命上海。在流亡的岁月中，翦伯赞看透了国民党顽固派的贪污腐化、反动堕落，他毅然地退出了这个令人失望透顶的政党。

阎锡山

"九·一八事变"后，翦伯赞在北京、上海等地积极从事抗日救亡运动。他一边主编《丰台》旬刊、宣传抗日救国；一边深入学习马克思主义理论，并用马克思主义理论为指导写出大量战斗檄文。1937年5月，经吕振羽介绍，翦伯赞在南京光荣地加入了中国共产党，身份不公开，为秘密党员，翦伯赞终于实现了他多年的政治追求。

华人风采

全面抗战爆发后，翦伯赞奉组织之命回到长沙。他与吕振羽、谭丕模等人和湖南地下党组织商量后，多方活动成立了"湖南省文化界抗敌后援会"与中苏文化协会湖南分会，翦伯赞任中苏文化协会分会机关刊物《中苏》半月刊主编，广泛团结文化教育界人士共同抗战。当时，湖南的白色恐怖非常严重，翦伯赞被国民党顽固派分子列为打击的重点。1940年春节前夕，国民党顽固派发动了第一次反共高潮，湖南的形势愈加严峻。这时，翦伯赞接到中共湖南地下省工委的通知：党中央命他立即到重庆八路军办事处报到。

翦伯赞与夫人戴淑婉翻山越岭、历尽艰苦来到了祖国的大西南，住进了重庆附近的巴县歇马场刘家院子。在此期间，翦伯赞已与驻红岩村的中共南方局取得了联系。5月，到苏联治病的周恩来回到了重庆，周恩来约翦伯赞谈话，要他继续以秘密党员的身份做工作。此后到1946年底，翦伯赞在重庆、上海等地的工作一直是在周恩来的直接领导下进行的。

在重庆期间，翦伯赞曾经与国民党著名爱国将领冯玉祥将军有过一段交往，并结下深厚的友情。当时冯玉祥将军正退隐于重庆原巴县中学，冯玉祥托王昆仑觅求一位史学名家为他讲授中国历史，于是王昆仑向冯玉祥推荐了翦伯赞。获得了周恩来的同意后，翦伯赞便接受了这个任务，成为冯玉祥的历史老师。

冯玉祥

华人风采

1941 年 1 月 7 日，震惊世人的"皖南事变"发生后，冯玉祥将军离开了重庆到峨眉山去，以示对蒋介石的不满，讲课也暂时停止。

中华人民共和国成立以来，翦伯赞在统一战线、民族团结、理论宣传和教育事业方面进行了大量的工作。历任北京大学副校长和历史系主任，第一届全国政协委员，第一、二、三届全国人民代表大会代表，中央民族事务委员会委员，中国科学院哲学社会科学部学部委员。协同郭沫若、范文澜等，筹建了中国史学会，开展史学研究和史料编撰工作。

范文澜

在这艰苦的岁月中，翦伯赞同志以极大的努力完成了《中国史纲》第一、二卷和《中国史论集》第一、二辑等上百万字的重要著作，为马克思主义历史科学在中国的奠定和发展作出了积极贡献。

1966 年"文革"爆发，担任北大历史系主任的翦伯赞被揪出来打倒在地，其主要罪名是"资产阶级反动学术权威"。1968 年 12 月 18 日，饱受迫害的翦伯赞、戴淑婉夫妇因拒绝写陷害刘少奇的"黑材料"而双双服药，含冤离世。

华人风采

翦伯赞夫妇离世之后，当时以驻北大军工宣传队为主的校党委于 1970 年 2 月做出决定，将翦伯赞以"反动学术权威"等罪名"清除出党"。

1976 年 10 月，10 年浩劫终告结束。1978 年 9 月 1 日，北京大学召

开了全校落实党的政策大会，为翦伯赞昭雪了 10 年沉冤。

北京大学

1979 年 2 月 22 日，翦伯赞的追悼会和骨灰安放仪式在北京八宝山革命公墓举行。邓小平、王震、乌兰夫、方毅、胡耀邦等党和国家领导人送了花圈，杨静仁主持追悼会。邓颖超还让秘书打电话给翦伯赞的子女，表示慰问。由于翦伯赞、戴淑婉夫妇的骨灰在"文革"动乱中下落不明，翦伯赞的家人将一幅翦伯赞夫妇二人的生前合照、翦老的老花镜还有冯玉祥将军所赠的那支自来水笔放到了骨灰盒里。

历史，终于还了翦伯赞一个清白。

翦伯赞是我国运用历史唯物主义科学地研究中国历史的老一代史学家之一，为在我国建立马克思主义历史科学作出了巨大的努力。他的著作共达 400 多万字，是他一生献身于革命、献身于马克思主义历史科学的珍贵成果。

华人风采

最了解艾滋病病毒的人

何大一（1952.11.3— ），美籍华裔科学家，艾滋病鸡尾酒疗法的发明人。

何大一祖籍江西省新馀市，1952 年 11 月 3 日出生于台湾省台中市。父亲何步基为其取"大一"这个名字，是取自庄子言"其大无外谓之

何大一

大一"。在何大一 9 岁的时候，其父亲何步基赴美国谋生，何大一 12 岁时移民美国加利福尼亚州洛杉矶市，与其父亲团聚。

何大一在美国通过语言关后，在初、高中的学习成绩都名列前茅。1970 年高中毕业后，何大一考入美国麻省理工学院，先后在麻省理工学院及加州理工学院主修物理学和数学。何大一 1974 年以第一名的成绩获得学士学位。同年入哈佛大学就读，于 1978 年获得哈佛大学医学

院医学博士学位。

1978—1982 年期间，何大一在加州大学洛杉矶分校医学院，1982—1985 年期间在马萨诸塞州综合医院，分别进行进行内科和传染病学的临床实践。1981 年，何大一在洛杉矶 Cedars—Sinai 医学中心当见习医生时，接触到了最早发现的一批艾滋病病例。后供职于纽约艾伦·戴蒙德艾滋病研究中心。

何大一是世界上最早认识到艾滋病是由病毒引起的科学家之一，也是首先阐明艾滋病病毒复制多样性的科学家之一。正是基于这种理解，使得何大一和他的同事们致力于研究联合抗病毒疗法，即鸡尾酒疗法。这种疗法将蛋白酶抑制剂药物和核苷类逆转录酶抑制剂及非核苷类逆转录酶抑制剂药物组合使用，能更有效地治疗艾滋病。1996 年在发达国家使用以来，有效降低了艾滋病人死亡率。

何大一因发明艾滋病鸡尾酒疗法，1996 年被美国《时代》周刊评选为当年的年度风云人物。

何大一 20 多年在艾滋病方面的研究，发表有关论文超过 250 篇。在这个方面，他被称为"可能是全球最了

香港大学一景

华人风采

解艾滋病病毒的人之一"。

1999 年，何大一及其同事又发现人体免疫系统 T 细胞中的 CD8 可以有效对抗艾滋病毒。2000 年，又研制出 C 型艾滋病疫苗，目前已进入临床实验阶段。

2002 年 6 月，何大一拒绝去香港大学担任校长的邀请，但破例答应双方合作成立艾滋病研究中心。2003 年 4 月，与香港方面合作致力于 SARS 研究，希望在短期内能找到疫苗和疗法。

2003 年春，非典病毒肆虐华夏大地，何大一暂缓手中艾滋病研究，穿梭两岸三地，寻求对抗非典病毒的药物和方法。应中国科技部部长徐冠华邀请，5 月 11 日晚，何大一从香港抵达北京。他马不停蹄地赶到中国协和医科大学与中国科学家一起召开非典防治研讨会。

2003 年 10 月，何大一专程回国与"中国防治艾滋病公益大使"濮存昕一起联袂出演防治艾滋病公益广告。他拉来美国盖茨·美琳达基金会赞助，邀请艾滋病携带者、NBA "魔术师"约翰逊与中国篮球明星、"中国艾滋病防治行动"宣传大使姚明合作，拍摄预防艾滋病宣传短片在中国播放。

10 多年来，何大一几乎每年都来中国，支持国内的艾滋病防治工作。他领导的艾伦·戴蒙德艾滋病研究中心则提供技术和资金支持，在湖北省建立了 5 个项目点，力争艾滋病母婴传染率从 30% 降至 2%。

何大一目前是美国纽约洛克菲勒大学艾伦·戴蒙德艾滋病研究中心主任、教授。同时还是美国科学院院士，中国工程院外籍院士，台湾"中央研究院"院士。

华
人
风
采

物理学家中的"黑马"

朱棣文（1948.2.28— ），美国加利福尼亚州斯坦福大学的美籍华裔物理学家。因"发展了用激光冷却和捕获原子的方法"而获得 1997 年诺贝尔物理学奖获得者。

朱棣文

1948 年 2 月 28 日，朱棣文出生于美国密苏里州圣路易斯，在家中排行老二。朱棣文祖籍中国江苏省太仓县，他的父亲朱汝瑾在 1943 年来到美国麻省理工学院化学工程系学习，后来成为台湾中央研究院院士。两年后，朱棣文的母亲也来到这里，攻读经济学。1945 年，朱棣文的父母结婚时，中国正处在内战的前夕，回国参加国家的建设已经是不可能的事情了，于是他们决定留在美国。

在朱棣文 1948 年出生时，朱汝瑾已经在华盛顿大学教书了。不久，朱汝瑾又取得了布鲁克林综合技术学院的教授职位。

华人风采

179

　　1950 年，朱棣文一家迁到纽约的加登城，在这个 25000 人的小镇

麻省理工大学一景

里只有两户中国人。对于朱汝瑾一家人来说，要想在美国生活下去，只有使儿女成为有学问的人。因此教育被放在了至高无上的位置，这是他们生存的理由和目的所在。朱棣文的叔父、姨妈都有科学和工程博士的学位，当朱棣文的两个兄弟和 40 个堂兄陆续得到了 3 个医学博士和 4 个理学博士学位时，朱棣文才获得数学和物理学学士的学位。

　　在这样一个高文化层次学者家里，朱棣文成了一只"黑羊"（含有败家子，害群之马之意）。其实朱棣文在学校里学习相当努力，只是与他的哥哥相比，就有些显得平庸了。他的哥哥创造了学校最高累积分的记录。朱棣文的特点是爱钻研某些学科，并且特别投入，但不能使各科成绩都处在一个高水平上。在朱棣文母亲来看，把精力花在某些不重要的细节上是不太值得的，这种分配学习时间的方法也不是很有效的。但"从后来发展的情况来看，"朱棣文回忆说，"吃透细节和把注意力'聚

焦'到课程要点的能力，使我获益匪浅。"

活跃的思维

在朱棣文家里，教育是重要的，但是他的生活并没有完全只放在学业上。从幼儿园起，他就是一个有着多样兴趣的孩子。朱棣文清楚地记得："在幼儿园毕业的那一个夏天，一个朋友介绍我参加创建塑料模型飞机和军舰的娱乐活动，从此我便爱上了这一活动。到小学四年级末，我已经达到了'装配工'的水平，并且花费了许多宝贵的时间去构造无明确用途的器具。……我卧室的地毯上，经常有着许多乱七八糟的金属'梁'和小的螺母、螺杆，它们分布在半成品的周围。母亲很体贴人，她允许我连续几天进行我的工程，直到完工为止。在我稍大一些的时候，我的兴趣就演变到了化学游戏上来。我和一个朋友用自制的火箭和火药做实验，相当一部分实验的资金来自父母给我的午餐费。再后来，我们的注意力又转到了测量我们邻居的土壤酸度及其所缺少的营养物质上。"

朱棣文对体育运动也有浓厚的兴趣，经常和周围的孩子们聚到一起，到邻近学校举行各种非正式的比赛。橄榄球和垒球是经常比赛的项目，有时还玩冰上曲棍球。到了八年级，朱棣文对网球开始有了兴趣，就自学网球，并连续 3 年成为校队的"第二替补"队员。

在中学高年级，朱棣文主要学物理和微积分这两门课。与早些年学过的几何学课一样，不用去记忆一长串的公式，而是依据少数基本概念和一套非常自然的假设进行推理判断。这两门课非常适合朱棣文的逻辑推理的思维方式，而且两位授课老师都极具才华且富于奉献精神。对于朱棣文来说，受教于这两位老师是他一生中最幸运的事情。

物理老师托马斯·米纳是一个极富教学天才的人，他讲的课既引人入胜又富有哲理。他对朱棣文日后学术思想的形成起着潜移默化的作用。朱棣文现在还清楚地记得他是怎样引入物理概念的。老师告诉他们要学习如何处理最简单的问题，比如，由于重力作用产生的加速度，物体是怎样下落的。通过综合观察与推测，产生某种思想，将这种思想逐步上升为能被实验检验的假设，这些假设还要继续接受实验的挑战，它们或者被废弃，或者使之更完善，二者必居其一。尽管物理学的目标有限，但用这种方法获得的知识将会成为人类智慧的一部分，并且不因社会风尚的改变而遭摒弃。

在高中的最后一个学期里，朱棣文自己动手做了一个物理摆，并用它"精确地"测量了引力。曾达到"装配工"水平的朱棣文，他的制作手艺直接用到了物理摆的构造过程中。

挑战失败成黑马

在要升大学的时候，朱棣文向许多学院提出了入学申请，但是由于学习成绩不是很好而遭拒绝。这使得朱棣文的父母感到惭愧。相比之下，他的哥哥进入了普林斯顿大学，两个堂兄在哈佛大学，第三个堂兄在布林马尔大学。最后，朱棣文决定上罗切斯特大学。在准备去罗切斯特大学的时候，他暗自下定决心，一定要做出一番事业，从这个优秀家庭的光圈里走出来。

华盛顿大学一景

朱棣文带着与许多新生同样的激情来到罗切斯特大学。头两年的课程中，物理学占很大

的比重，用费因曼物理讲义作教材。这本书强烈地吸引着朱棣文，并鼓励他向物理学进军。费因曼将物理学描述得如此美丽奇妙，书中每一页都显示出他对物理的热爱。几年以后，朱棣文才开始理解，在求得答案上，费因曼是一个多么神奇的魔术师。

大学二年级，教他们数学的教授特别出色，而且非常看重朱棣文的才能。教授经常邀请他参加教师的聚会，共同品尝由麦芽酿制而成的苏格兰威士忌美酒。朱棣文对数学的兴趣越来越大，而此时教物理的老师则显得有些相形见绌了。朱棣文曾经说过："要不是使用了费因曼的讲义，我几乎肯定要放弃物理课了。"这样一来，数学得到了加强，物理也没有放弃，为他日后的发展奠定了坚实的基础。那时候，朱棣文想成为一名理论物理学家，心目中的英雄是牛顿、麦克斯韦、爱因斯坦，以及当代的巨匠如：费因曼、格尔曼、杨振宁和李政道。

牛　顿　　　　　　　　麦克斯韦

1970 年朱棣文从纽约州罗切斯特大学毕业，获物理学学士学位和数学学士学位。1976 年朱棣又从美国伯克利加州大学毕业，获物理学博士学位，并留校做了两年博士后研究。

华人风采

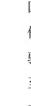

1978年秋天，朱棣文与20多个青年科学家一起被选中，进入了贝尔实验室。在这个实验科学的天堂里，朱棣文感到从未有过的兴奋。他回忆说："我们感到成了'被选中的人'，除了做我们最热爱的研究工作之外，无需做任何事情，献身科学的高兴和兴奋气氛充满了大厅、实验室、办公室。我们互相影响、共同进步。有生气的讨论随处可见，甚至吃午饭时间都在进行，并且延续到网球场和社交集会中。这儿的风气太好了。贝尔实验室的经理给我们提供经费，保护我们不受无关的官僚主义干扰，并且激励我们不要只满足为科学做了有益的事。"

在一年后的成就评论会上，朱棣文受到领导的批评，要求他"不能满足于任何低于'开创一个新领域'的成绩"。受到这样的批评，朱棣文非常高兴，因为这正是他的心愿。他正在寻找这样的新领域。

1983年秋天，朱棣文升任美国电话及电报公司贝尔实验室量子电子学研究部主任。这时他无论在实验技术、科学素养还是心理素质方面都具备了"开创一个新领域"的能力。看来是"万事俱备只欠东风"。他终于把目光转向了利用激光冷却和捕获原子方面的研究。用激光来捕获原子，这样一个很重要的研究项目，因为屡遭失败而陷入了绝境，管理人员在4年前就停止了这个项目的研究。朱棣文经过认真的研究，认识到用激光捕捉原子的方法第一步就是要极度冷却原子。这个想法是通向"一个新领域"的必经之路。朱棣文立即放下手中大部分其他实验，全力投入激光冷却原子的实验当中。

处在同一温度下的不同物质，它们分子的平均动能也是相同的。由此可见，用来表示物体冷热程度的温度，实质上就是分子平均动能大小的一种量度。只要减小物体分子平均动能，即减小物体分子无规则运动的速度，就能降低物体的温度。激光束在一定条件下能够阻碍分子或原子的运动，并使其减速，从而也就降低了物体的温度。

1985年，朱棣文利用互相垂直的三对激光束，在其交会区域内使原子受到六束驻波场的作用而形成对原子运动的粘滞性约束。这种光速安排被称为"光学粘胶"。利用"光学粘胶"有效地将微量气体束缚在一定的空间，大大地降低了气体原子的运动速度，为进一步冷却原子使之更接近绝对零度奠定了坚实的基础。朱棣文敢于做别人曾经做过而且是多次失败的实验，并取得了成功。

1987 年朱棣文受聘为斯坦福大学物理学教授，1990 年起担任系主任至今。1993 年以数理组第二名获选为美国科学院院士。1994 年当选台湾"中央研究院院士"，是"中央研究院"原子与分子研究所咨议委员。

1997 年 10 月 15 日，经瑞典皇家科学院宣布，朱棣文教授获得诺贝尔物理学奖。获奖的第二天，他在记者招待会上表示："按照科学学术语的说法，我身上 100% 是中国人的基因。"看来这个早已很"美国化"的科学家对他的祖国具有很深的情义。

激光冷却和陷俘原子

激光冷却和陷俘原子的研究，是当代物理学的热门课题，十几年来成果不断涌现，前景激动人心，形成了分子和原子物理学的一个重要突破口。

操纵和控制单个原子一直是物理学家追求的目标。固体和液体中的原子处于密集状态之中，分子和原子相互间靠得很近，联系难以隔绝，气体分子或原子则不断地在作无规则运动，即使在室温下，空气中的原子分子的速率也达到几百 m/s。在这种快速运动的状态下，即使有仪器能直接进行观察，它们也会很快地就从视场中消失，因此难以对它们进行研究。降低其温度，可以使它们的速度减小；但是问题在于：气体一经冷却，它就会先凝娶为液体，再冻结成固体。如果是在真空中冷冻，

华人风采

其密度就可以保持足够低，避免凝聚和冻结。但即使低到－270℃，还会有速率达到几十 m/s 的分子原子，因为分子原子的速率是按一定的规律分布的。接近绝对零度（－270℃）时，速率才会大大降低。当温度低到 10^{-6}K，即 1 微开（μK）时。自由氢原子预计将以低于 25cm/s 的速率运动。可是怎样才能达到这样低的温度呢？

朱棣文、科恩·塔诺季、菲利普斯以及其他许多物理学家开发了用激光把气体冷却到微开温度范围的各种方法，并且把冷却了的原子悬俘或拘捕在不同类型的"原子陷阱"中。在这里面，个别原子可以极高的精度得到研究，从而确定它们的内部结构。当在同一体积中陷俘越来越多的原子时，就组成了稀薄气体，可以详细研究其特性。这几位诺贝尔奖获得者所创造的这些新研究方法，为扩大我们对辐射和物质之间相互作用的知识作出了重要贡献。特别是，他们打开了通向更深地了解气体在低温下的量子物理行为的道路。这些方法有可能用于设

原子干涉仪

计新型的原子钟，其精确度比现在最精确的原子钟（精确度达到了百万亿分之一）还要高百倍，可以应用于太空航行和精确定位。人们还开始了原子干涉仪和原子激光的研究。原子干涉仪可以用于极其精确

华
人
风
采

地测量引力，而原子激光将来可能用于生产非常小的电子器件。用聚焦激光束使原子束弯折和聚焦，导致了"光学镊子"的发展，光子镊子可用于操纵活细胞和其他微小物体。1988—1995 年在稀薄原子气体中先后观察到了一维、二维甚至三维的玻色 – 爱因斯坦凝聚。这一切都是从人们能够用激光控制原子开始的。

华

人

风

采

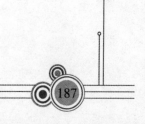